Für zukünftige Generationen

Nachhaltiges Webdesign

Tom Greenwood

Bibliografische Information der Deutschen Nationalbibliothek:

Die Deutsche Nationalbibliothek verzeichnet diese Publikation in der Deutschen Nationalbibliografie. Detaillierte bibliografische Daten sind im Internet über http://dnb.d-nb.de abrufbar.

Original: Sustainable Web Design (A Book Apart, 2021)
Autor: Tom Greenwood (©2021)

Übersetzung: Christoph M. Werner
Auflage: 1. Auflage 2021
Umschlag: Christoph M. Werner, Grafik: Fabian Schaer
Verlag: conopolist Verlag
Christoph M. Werner
Stockweiherstr. 22
90455 Nürnberg
verlag@conopolist.de
Druck: BoD – Books on Demand, Norderstedt

ISBN: 978-3-9823641-4-8

Inhaltsverzeichnis

VORWORT

Die einzig richtige Art, in das Thema dieses Buches einzuführen, besteht darin, zunächst die Vorstellung zu demontieren, dass digitale Erlebnisse von Umweltkosten befreit sind. Wir erzeugen digitalen Müll, der greifbare Konsequenzen hat und die sich als Treibhausgasemissionen und Fabrikabfälle manifestieren. Wenn das Internet ein öffentlicher Raum ist, dann sollten wir ihn als den wertvollsten seiner Art behandeln - ein Internet, dem es an Organisation und Sauberkeit mangelt, sollte uns Unbehagen bereiten, so wie es eine verschmutzte Wasserstelle oder eine vernachlässigte öffentliche Toilette tun würde. Stattdessen haben wir uns rücksichtslos in diesem öffentlichen Raum bewegt und damit seine Zukunft und die unserer physischen Welt gefährdet.

Die wachsende Popularität sowohl von Technologie als auch von Klimaschutz bedeutet jedoch, dass diejenigen aktiv werden, die an deren Schnittpunkt arbeiten. Allein die Tatsache, dass dieses Buch geschrieben wurde, ist der lebende Beweis dafür, dass es ein Publikum für nachhaltiges Webdesign gibt - vielleicht eine Mischung aus Technologen, Designern und Klimaexperten, die metaphorisch einen Fuß in beiden Welten haben. (Als Fachmann aus der Internet-Ära, der selbst in dieser Schnittmenge lebt, frage ich mich oft, was ich zuerst bin: ein Mitglied der Klimabewussten oder ein digitaler Designer.)

Ich vermute, wir alle, die wir uns hier wiederfinden, fühlen uns bei der Beschäftigung mit diesem Buch ein wenig verloren und alleine gelassen, auch wenn unser Ego uns das vielleicht nicht zugestehen will. Doch selbst die elementaren Prinzipien des nachhaltigen Webdesigns müssen erst noch bekannt gemacht werden. Dieses Buch und sein wunderbarer Autor Tom Greenwood werden hoffentlich Teil einer aufregenden Darstellung dieses Themas für eine Generation sein, die sich über die Auswirkungen unseres Online-Seins auf die Umwelt Gedanken macht und sich sicher ist, wie sie damit umgehen kann.

An die Technologie-Profis, an die Umweltschützer und an die Web-Nutzer: Möge dies ein Begleiter für Ihre eigene Bildung über die komplizierte, schöne und tragische Verbindung zwischen dem Internet und unserer natürlichen Umwelt sein.

-Rachel He

EINFÜHRUNG

Es gibt Berufe die schädlicher sind als Industriedesign, aber nur sehr wenige. Und möglicherweise ist nur ein Beruf verlogener. Werbedesign, welches Menschen dazu bringt Dinge zu kaufen, die sie nicht brauchen, mit Geld, das sie nicht haben, um andere zu beeindrucken, die sich nicht dafür interessieren, ist wahrscheinlich das verlogenste Feld, das es heute gibt.

Victor Papanek, der diese Worte 1971 in seinem Buch *Design for the Real World* schrieb, war ein früher Pionier dessen, was wir heute nachhaltiges Design nennen. Papanek wandte sich gegen die Verwendung von Design als Werkzeug, um den Konsum anzukurbeln und unterstellt, dass Designer die Möglichkeit und die Verantwortung haben, eine bessere Welt zu schaffen.

Abb. 0.1: Als ich espdesign.org erstellte, bedeutete Produktdesign noch das Design von "echten Dingen".

Dreißig Jahre später, als umweltbewusster Teenager, der Produktdesign an der Universität studierte, wurde ich von Papaneks Arbeit inspiriert. Ich wollte unbedingt eine Karriere im Produktdesign anstreben, aber nur, wenn ich auch ein Teil der Lösung für die Umweltkrise sein konnte. Ich wählte nachhaltiges Design als Thema für meine Abschlussarbeit und verbrachte mein letztes Jahr damit, jedes Werkzeug, jede Technik, jedes Buch, jede Vorschrift und jede Fallstudie über nachhaltiges Produktdesign zu recherchieren. In dem Bestreben, andere Designer zu nachhaltigen Verfahren zu inspirieren, stellte ich all diese Informationen auf einer Webseite in den ersten Online-Leitfaden für nachhaltiges Produktdesign (Abb. 0.1). Zu einer Zeit, als sich "Produktdesign" fast ausschließlich auf das Design und die Konstruktion von physischen Produkten und Dienstleistungen bezog, war diese Webseite einer meiner ersten Schritte in die digitale Welt.

Wenn um die Jahrtausendwende von digitalen Produkten oder Dienstleistungen im Zusammenhang mit Nachhaltigkeit die Rede war, dann hauptsächlich als potenzielles Allheilmittel für unsere Müll produzierende globale Konsumkultur. Als meine Frau Vineeta und ich 2007 Wholegrain Digital gründeten, wollten wir weg vom Design und der Entwicklung physischer Produkte, die auf der Mülldeponie hätten landen können. Digitales Design konnte niemals zu physischem Müll werden, und so hatten wir mit unserem digitalen Studio ein gutes Gewissen hinsichtlich denkbarer Umweltproblematiken.

Diese Einstellung änderte sich 2016, als ich erfuhr, dass die Rechenzentren der Welt mehr Strom verbrauchen als das gesamte Vereinigte Königreich (http://bkaprt.com/swd/00-01/). Heilige Scheiße! Da waren wir also, schalteten gewissenhaft das Licht aus, wenn wir einen Raum verließen, um Energie zu sparen, recycelten unseren Müll und sorgten für die CO2 Kompensation unserer Reisen, ohne die Tatsache zu bemerken, dass die scheinbar harmlosen digitalen Produkte, die wir entworfen hatten, "immer an" waren - in unseren Büros, in unseren Wohnungen und in unseren Taschen. Es ist mir peinlich, zuzugeben, dass es fast ein Jahrzehnt dauerte, bis wir uns Gedanken darüber machten, wie viel Energie Webseiten tatsächlich *verbrauchen.*

Wie wir in den kommenden Kapiteln sehen werden, benötigen Webseiten eine Menge Strom, und dieser Strom muss irgendwoher kommen. Wir können diese Bedenken nicht länger als irrelevant abtun. Es ist an der Zeit, dass Digitalprofis eine Führungsrolle in unserer Branche übernehmen und eine Kultur entwickeln, in der Nachhaltigkeit bei allem, was wir tun, selbstverständlich wird.

Ich will klarstellen, dass sich *Nachhaltigkeit* in diesem Buch auf die Nachhaltigkeit unserer natürlichen Umwelt und die dringende Notwendigkeit bezieht, die CO2-Emissionen zu reduzieren, um das natürliche Ökosysteme im Gleichgewicht zu halten. Es geht nicht darum, dass finanzieller Gewinn oder sozialer Wert keine Rolle spielen. Ich bin seit langem Anhänger von John Elkingtons Prinzip der "Triple Bottom Line", einem Konzept, das er in den frühen 90er Jahren entwickelt hat, mit der Idee, dass wir den Gewinn nicht nur am finanziellen Ergebnis messen sollten, sondern auch den Nutzen unseres Unternehmens für die Gesellschaft und die natürliche Umwelt mit einbeziehen sollten.

Ich muss Ihnen nicht sagen, dass Ihr Unternehmen finanziell nachhaltig sein muss und es gibt viele Bücher, die über menschenzentriertes Design, barrierefreies Design, inklusives Design und andere soziale Aspekte von Design und Technik geschrieben wurden. Aber zum Thema digitale Technologie und Ökologie findet man so gut wie nichts. Die Natur ist die Quelle, aus der alles andere wächst. Ohne sie gibt es keinen finanziellen Gewinn, keinen sozialen Wert und keine digitale Industrie.

Unabhängig davon, welche Rolle Sie im digitalen Sektor spielen, soll dieses Buch einen Ausgangspunkt bieten, der Ihnen hilft, die Themen der Nachhaltigkeit sowie die Werkzeuge, Techniken und Prozesse zu verstehen, die uns helfen können, nachhaltige digitale Produkte zu erschaffen. Wir werden uns auch ansehen, wie wir Nachhaltigkeit auf der geschäftlichen Seite des Digitalen nutzen können und wie der Klimawandel das Internet selbst beeinflussen kann. Ich hoffe, dass wir auf dieser Grundlage alle dazu beitragen können, ein Internet zu schaffen, das sicher für die Zukunft aufgestellt ist, der wir alle gegenüberstehen.

1. WAS IST NACHHALTIGES WEBDESIGN?

Das enorme und komplexe System, das es Ihnen ermöglicht, eine E-Mail zu lesen, eine Webseite zu besuchen, bei Google zu suchen oder die neueste Folge von *"The Crown"* zu sehen - *und an dem* Ihr Telefon, Ihr Computer, Ihr Fernseher, Wi-Fi-Router, ein lokales Telekommunikationsnetz, globale und nationale Repeater-Stationen und Datenzentren beteiligt sind - verbraucht an jeder Stelle Strom. Wäre das Internet ein Land, wäre es das sechstverschmutzendste Land der Welt, mit jährlichen Emissionen ähnlich denen von Deutschland (Abb. 1.1) (http://bkaprt.com/swd/01-01/).

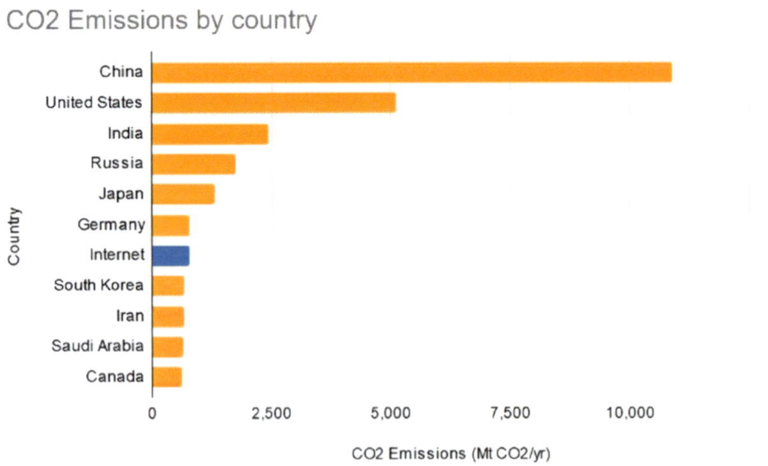

Abb. 1.1: Die Daten für 2018 zeigen, dass das Internet als Ganzes betrachtet einem der umweltschädlichsten Länder der Welt entspricht (http://bkaprt.com/swd/01-02/).

Die Zahl der Menschen, die mit dem Internet verbunden sind, wächst rasant. Cisco sagt voraus, dass bis 2023 zwei Drittel der Weltbevölkerung vernetzt sein werden (http://bkaprt.com/swd/01-03/). In einer Zeit, in der wir uns schnell auf eine CO2-freie Wirtschaft zubewegen müssen, wird unser Hunger nach Daten und Webdiensten immer größer - und damit auch unsere Internet-Emissionen. Ein 2018 im *Journal of Cleaner Production* veröffentlichtes Papier schätzt, dass die Kommunikationstechnologie bis 2040 14 Prozent des weltweiten Stroms verbrauchen wird, gegenüber knapp 4 Prozent im Jahr 2020 (http://bkaprt.com/swd/01-04/).

Als Webdesigner sind wir seit langem mit immer höheren Internetgeschwindigkeiten und Rechenleistungen gesegnet. Ironischerweise neigen wir dazu, immer stromhungrigere und umweltschädlichere Webseiten zu erstellen, während Computer und Netzwerke immer effizienter wurden. Wie ich noch vor ein paar Jahren, waren sich die meisten Webentwickler, die diese Produkte herstellen, einfach nicht bewusst, dass digitale Dienste einen Einfluss auf die Umwelt haben. Aber die Ignoranz der Vergangenheit entschuldigt nicht die weitere Untätigkeit, wenn so viel auf dem Spiel steht. Wenn wir Webdienste schaffen wollen, die gut für die Menschen und den Planeten sind, müssen wir Verantwortung für die Umweltauswirkungen unserer Arbeit übernehmen. Das ist es, was nachhaltiges Webdesign in der Praxis anstrebt.

Nachhaltiges Webdesign ist ein Ansatz zur Gestaltung von Webdiensten, der die Gesundheit unseres Heimatplaneten in den Vordergrund stellt. Im Kern geht es darum, CO2-Emissionen und Energieverbrauch zu reduzieren. Was wir in jedem Webprojekt brauchen, ist ein Nachhaltigkeits-Champion: mindestens eine Person, die die Probleme versteht, einige Ideen für mögliche Lösungen hat und die Teamkollegen anleiten und ermutigen kann, Nachhaltigkeit in jeder Phase des Projekts zu berücksichtigen.

Die Prinzipien und Ratschläge, auf die ich mich hier konzentriert habe, werden Sie dazu befähigen, dieser Champion in Ihrer eigenen Webdesign-Arbeit zu werden. Wie wir sehen werden, werden wir durch die Schaffung eines Webs, das besser für den Planeten ist, auch ein Web schaffen, das besser für die Menschen ist.

Grundlegende Prinzipien für ein nachhaltiges Web

Nachhaltigkeitsinitiativen neigen dazu, inkrementelle Verbesserungen zu liefern, die auf traditionelle Vorgehensweise aufgebaut sind. Radikale und grundlegende Veränderungen sind das, was wir jetzt brauchen, um Nachhaltigkeit zu einem Teil des Designs zu machen. Das bedeutet, dass wir tiefer über Nachhaltigkeit nachdenken und bereit sein müssen, die Art und Weise, wie wir Dinge bisher getan haben, zu hinterfragen.

2019 habe ich zusammen mit einer kleinen Gruppe von Designern, Entwicklern und Digitalprofis das Sustainable Web Manifesto verfasst (Abb. 1.2). Das Projekt zielt darauf ab, das Bewusstsein für Nachhaltigkeit in unserer Branche zu schärfen, und legt die wichtigsten Prinzipien fest, die wir bei unserer Arbeit berücksichtigen sollten. Es definiert nachhaltige Webprojekte als sauber, effizient, offen, ehrlich, regenerativ und resilient. Lassen Sie uns einen Blick auf jedes dieser Prinzipien werfen, um zu sehen, was sie in der Praxis bedeuten.

Abb. 1.2: Ich ermutige Sie, es selbst zu lesen und zu unterschreiben: Sustainablewebmanifesto.com.

Sauber

Das erste Versprechen im Sustainable Web Manifesto besagt, dass alle Webprojekte sauber sein sollten, insbesondere in Bezug auf den Energieverbrauch. Das Internet wird fast vollständig durch Elektrizität angetrieben, und je mehr wir erneuerbare Energiequellen wie Sonne, Wind, Wellen und Wasserkraft nutzen, um diesen Strom zu erzeugen, desto besser.

Wir haben nicht immer die Kontrolle darüber, woher der Strom für unsere Projekte kommt, aber wir haben oft die Wahl, welchen Hosting-Anbieter wir nutzen. Der einfachste Weg, unsere Projekte umweltfreundlich zu gestalten, ist die Auswahl eines Hosters, der sich öffentlich dazu verpflichtet hat, 100 Prozent erneuerbare Energie in seinen Rechenzentren zu nutzen.

Wir können nicht erkennen, ob ein Server erneuerbare Energien nutzt, indem wir seine Leistungsmerkmale betrachten, aber wir können es herausfinden, indem wir den Hosting-Anbieter fragen. Die Hosting-Anbieter, die bereits erneuerbare Energien nutzen, werden Ihnen dies nur zu gerne mitteilen und präsentieren die Informationen wahrscheinlich gut sichtbar auf ihrer Website. Auf der Homepage der Positive Internet Company heißt es zum Beispiel, dass ihr Positive Park-Rechenzentrum "nur grünen Strom verwendet, der zu 100 Prozent aus erneuerbaren Quellen stammt" (http://bkaprt.com/swd/01-05/).

Was ist mit der Energie, die im Telekommunikationsnetz und in den Endgeräten verbraucht wird, und mit der Energie, die im Büro verkonsumiert wird, in dem wir arbeiten? Wir haben vielleicht viel weniger Kontrolle über denjenigen Strom, der von unseren Webprojekten verbraucht wird, aber es ist möglich, das Gespräch über erneuerbare Energie zu initiieren, indem man die richtigen Leute fragt. Vielleicht nutzt das Unternehmen, für das Sie arbeiten, bereits erneuerbare Energien, spricht aber nicht genug darüber, oder vielleicht wären sie offen dafür, haben es aber noch nicht priorisiert. Indem wir offen über saubere Energie als Kernwert des nachhaltigen Webdesigns sprechen, können wir den Fortschritt in die richtige Richtung lenken.

Effizient

Die Nutzung sauberer Energie ist ein guter Anfang, aber da der weltweite Datenverbrauch rasant wächst, gefährdet die schiere Menge an Strom, die das Internet verbraucht, alle Bemühungen einer Dekarbonisierung unserer Energieversorgung. In jedem glaubwürdigen Plan zur Bekämpfung des Klimawandels ist Energieeffizienz eine der Schlüsselstrategien, und dennoch zeigt der Energiebedarf des Internets keine Anzeichen einer Drosselung.

Es ist leicht anzunehmen, dass unser steigender Datenverbrauch nur darauf zurückzuführen ist, dass die Menschen das Internet mehr nutzen, aber das ist nur ein Teil der Geschichte - der andere Teil zeigt, dass die Webseiten und Anwendungen, die wir erstellen, weniger effizient werden. Auf Grund von immer schnelleren Internetanschlüssen und immer leistungsfähigeren Computern und Smartphones machen wir Web-Profis unsere Projekte unbewusst weniger effizient.

Das Arbeiten mit leistungsstarken Geräten und schnellen Internetanschlüssen bedeutet, dass wir es uns erlauben können, unsere Bilder nicht richtig zu skalieren, eine ganze Skript-Bibliothek zu kopieren und einzufügen, obwohl wir nur einen Teil davon benötigen sowie alte, unnötige Zeilen unseren Code verstopfen zu lassen. Von 2017 bis 2020 ist die durchschnittliche Größe einer Webseite um etwa 30 Prozent gestiegen (http://bkaprt.com/swd/01-06/). Sind Webseiten wirklich um 30 Prozent besser geworden? Sicherlich hat ein Teil dieser Zunahme zu einem reichhaltigeren Online-Erlebnis beigetragen, aber ein Großteil davon hat nichts zur

Verbesserung der Benutzererfahrung, Leistung oder Zugänglichkeit beigetragen - ganz im Gegenteil!

Wenn wir unsere Webseiten unnötig aufblähen und Code schreiben, der die Server und die Geräte der Endbenutzer zusätzlich belastet, verschwenden wir nicht nur Strom; wir verschenken eine Chance, schnellere und umfassendere Online-Erlebnisse zu schaffen. Wir müssen dieses Problem direkt angehen und großartige Online-Erlebnisse mit minimaler Verschwendung von Ressourcen liefern.

Offen

Um ein wirklich nachhaltiges Web zu schaffen, bedarf es der Zusammenarbeit in großem Maßstab. Als Web-Community sind wir darin besonders gut; Open-Source-Projekte können uns helfen, robustere Lösungen zu entwickeln und sie schneller zu verbreiten, was unsere Fähigkeit beschleunigt, das Web als Gemeinschaft grün zu machen.

Greenpeace hat dieses Prinzip in ihrem Planet 4-Projekt umgesetzt, in dem sie die von ihren globalen Teams genutzte Webplattform nach offenen Prinzipien neu gestaltet haben, zur offenen Zusammenarbeit einluden und den gesamten Design- und Entwicklungsprozess veröffentlichten, damit andere davon lernen können. Das Ergebnis war eine Webplattform, die in ihren eigenen Worten nicht nur "ein Vehikel ist, um Inhalte ins Internet zu stellen, sondern um Menschen zum Handeln zu bewegen." Das Online-Handbuch für das Projekt fungiert "als öffentliche, transparente und zugängliche Vorlage für jeden, der helfen, lernen oder sich inspirieren lassen möchte" (http://bkaprt.com/swd/01-07/).

Offenheit fördert nicht nur die Zusammenarbeit, sondern ermöglicht es uns auch, voneinander zu lernen und macht wichtige Informationen leichter zugänglich. Wenn wir Artikel veröffentlichen oder auf Konferenzen Vorträge halten, um unsere Erfahrungen mitzuteilen, unsere Webprojekte nachhaltiger zu gestalten, helfen wir uns gegenseitig Fortschritte zu machen. Offenheit ermöglicht es uns, zusammen zu stehen und als Gemeinschaft voranzukommen, indem wir auf Fortschritten aufbauen, anstatt bei Null anzufangen.

Offenheit kann uns auch dabei helfen, das Konzept der Nachhaltigkeit zu einer selbstverständlichen Sache und es zu einem Teil der Konversation in unserer Branche zu machen, ähnlich wie User Experience, Performance, Suchmaschinenoptimierung (SEO) und Barrierefreiheit gängige Konzepte sind, über die wir täglich sprechen. BBC Future bietet ein großartiges

Beispiel dafür: Sie haben begonnen am Ende jedes Artikels auf ihrer Website die CO2-Emissionen des digitalen Inhalts zu veröffentlichen (http://bkaprt.com/swd/01-08/). Wenn solche Praktiken alltäglich werden, dann könnten Web-Teams die Reduzierung der CO2-Emissionen als eines ihrer Kriterien für die Beurteilung des Erfolgs ihrer eigenen Arbeit mit einbeziehen.

Je offener wir sind, desto mehr können wir uns von den Erfolgen der anderen inspirieren lassen, von den Fehlern der anderen lernen und uns gegenseitig helfen, es besser zu machen. Auf diese Weise verkürzen wir den Weg zur Schaffung eines nachhaltigen, inklusiven Webs, welches wir uns alle wünschen.

Ehrlich

Ehrlichkeit ist die andere Seite von Offenheit. Wir können nicht wirklich offen sein, wenn wir nicht auch ehrlich sind.

Ob wir es zugeben wollen oder nicht, das meiste Geld im Webdesign wird bezahlt, um eine Botschaft zu vermitteln und es hat reale Auswirkungen auf die menschlichen Überzeugungen und Verhaltensweisen. *Greenwashing* ist das Konzept irreführende Behauptungen aufzustellen, um zu suggerieren, dass man der Umwelt hilft, obwohl das nicht der Fall ist. Es ist wohl eine der größten Bedrohungen für den Klimaschutz, da Organisationen danach streben, sich selbst gut darstellen zu lassen und ein positives öffentliches Image zu schaffen, ohne tatsächlich die harte Arbeit zu leisten, die erforderlich ist, um wirklich nachhaltig zu werden. Greenwashing gibt uns allen ein falsches Gefühl von Sicherheit, indem es uns sagt, was wir hören wollen. Das mag kurzfristig beruhigend sein, aber es steht einem echten Fortschritt im Weg.

Eines der prominentesten Beispiele für Greenwashing in der jüngeren Geschichte ist der Volkswagen-Dieselskandal, bekannt auch als Dieselgate (http://bkaprt.com/swd/01-09/). Als das Bewusstsein über die gesundheitlichen Risiken von Dieselabgasen zunahm, begannen Regierungen strengere Emissionsvorschriften für neue Dieselfahrzeuge zu erlassen. Als Reaktion darauf schaltete Volkswagen Werbespots, um seine "Clean Diesel"-Technologie zu bewerben und eine positive öffentliche Wahrnehmung seiner Fahrzeuge zu erzeugen (Abb. 1.3). Das Problem war, dass die saubere Dieseltechnologie nicht wirklich existierte. Stattdessen programmierte VW die Motorsteuerungssoftware für ihre Dieselfahrzeuge um, um so die staatlichen Abgastests auf betrügerische Art und Weise zu bestehen. Der Autokonzern hatten Geld ausgegeben, um der Öffentlichkeit eine Geschichte zu liefern, wie er das Problem der Dieselemissionen gelöst hatte, ohne das Problem tatsächlich zu lösen. VW wurden letztendlich erwischt, aber der Skandal verzögerte den Fortschritt bei der Reduzierung der Fahrzeugemissionen um mehrere Jahre.

Abb. 1.3: VW hat einen guten Job gemacht, den Diesel sauber aussehen zu lassen, anstatt ihn tatsächlich sauber zu machen.

Hannah Smith, eine Webentwicklerin bei der Klima-Aktionsbewegung Extinction Rebellion, erzählte mir, dass das Prinzip der Ehrlichkeit aus dem Sustainable Web Manifesto Parallelen zur ersten Forderung der Bewegung aufweist: "Sag die Wahrheit":

> *Fakten und Daten sind der bekannte Ausgangspunkt, um jedes Problem effektiv zu lösen, sei es ein UX-Problem, eine Programmierherausforderung, eine Kundenbeschwerde oder, auf einer größeren Ebene, die Bewältigung von Umweltproblemen. Im Kampf gegen den Klimawandel glaube ich, dass wir alle ganz anders leben würden, wenn es ein breiteres Bewusstsein und eine größere Akzeptanz für die volle Wahrheit dessen gäbe was passiert.*

Ehrlichkeit kann uns auch dabei helfen, effizientere und sozialverträglichere Online-Erlebnisse zu entwickeln. Dark Patterns sind subtile Tricks, die in Websites und Apps verwendet werden, um Menschen dazu zu bringen Dinge zu kaufen oder sich für Dienste anzumelden, die sie ursprünglich gar nicht haben wollten. Es ist eine überraschend häufige und unethische

Marketingtechnik, die Menschen dazu verleitet, mehr Zeit online zu verbringen, unnötiges Konsumverhalten anheizt und der Umwelt schadet.

In ähnlicher Weise sind Webdienste wie Social-Media-Plattformen zunehmend darauf ausgelegt suchtähnliches Verhalten zu fördern, während das Sammeln persönlicher Daten der User dazu verwendet werden kann, Werbung gezielt zu platzieren und die Einstellungen auf eine Art und Weise zu beeinflussen, die bestenfalls hinterhältig und schlimmstenfalls geradezu bedrohlich ist.

Der rote Faden in all diesen Beispielen ist, dass Webdienste häufig darauf ausgelegt sind, Überzeugungen und Verhaltensweisen auf absichtlich unehrliche Weise zu manipulieren. Die Folgen sind weitreichend und können von psychischen Gesundheitsproblemen bei Einzelpersonen über die gesellschaftliche Korrumpierung von Demokratien bis hin zur Schädigung des Planeten durch die zunehmende Internetnutzung reichen. Wenn wir ehrlich zu den Internetnutzern sind und nicht versuchen sie in die Irre zu führen oder zu manipulieren, dienen wir nicht nur den besten Interessen der Menschen, die unsere Produkte nutzen, sondern schaffen auch ein ökologisch nachhaltigeres Internet.

Regenerativ

Wir haben die Probleme des Klimawandels und des Artensterbens so lange ignoriert, dass es nicht mehr ausreicht, einfach keinen Schaden anzurichten, um nachhaltig zu sein. Im besten Fall hilft es uns, die schlimmsten Auswirkungen des Klimawandels abzuwenden, aber es wird den Schaden, den wir bereits angerichtet haben und die Effekte, die wir bereits in Gang gesetzt haben, nicht ungeschehen machen.

Deshalb müssen wir unseren Fokus über die Idee der Schadensbegrenzung hinaus auf einen neuen Horizont verschieben, in dem unsere Aktivitäten wirklich regenerativ sind und zur Heilung und Wiederherstellung unserer natürlichen Ökosysteme und der Gesellschaft beitragen. Dies bringt uns zum Konzept der *wiedergutmachenden Technologien* (engl. Orig. *redemptive technologies*, Anm. d. Übersetzers) die von Ursula Franklin in *The Real World of Technology* als Technologien definiert werden, die zur Heilung von Mensch und Planet beitragen.

Kann Webdesign eine wiedergutmachende Technologie werden? Wie kann Webtechnologie Menschen dazu befähigen, sinnvolle Maßnahmen zur Wiederherstellung unserer natürlichen Umwelt zu ergreifen?

Do Nation ist eine Web-App die zu gesunden, umweltfreundlichen Gewohnheiten ermutigt (Abb. 1.4). Jeder kann entweder ein Versprechen abgeben oder eine Kampagne starten, um Versprechen zu sammeln, Dinge zu tun wie mit dem Fahrrad zur Arbeit zu fahren, weniger Lebensmittel zu verschwenden oder wiederverwendbare Kaffeebecher zu benutzen. Die Idee dahinter ist, dass kleine Aktionen einen großen Unterschied machen - einen Unterschied, der weit größer ist als die Summe ihrer Teile.

Und das tun sie! Do Nation hat über einundzwanzigtausend Menschen geholfen, fast siebzigtausend Gewohnheiten zu ändern und dabei so viel CO2 eingespart wie 6.150 Flüge von London nach New York, ein Vielfaches der Emissionen der Webanwendung selbst. Hermione Taylor, die Gründerin, sagt: "Vor zehn bis zwanzig Jahren gab es eine Reihe lokaler Klimaschutzkampagnen die auf Papier basierende Versprechen abgaben - so wirkungsvoll diese auch waren, sie waren einfach nicht skalierbar oder langlebig. Die Automatisierung von Prozessen durch digitale Technologie hat es möglich gemacht in großem Maßstab positive Auswirkungen zu erzielen."

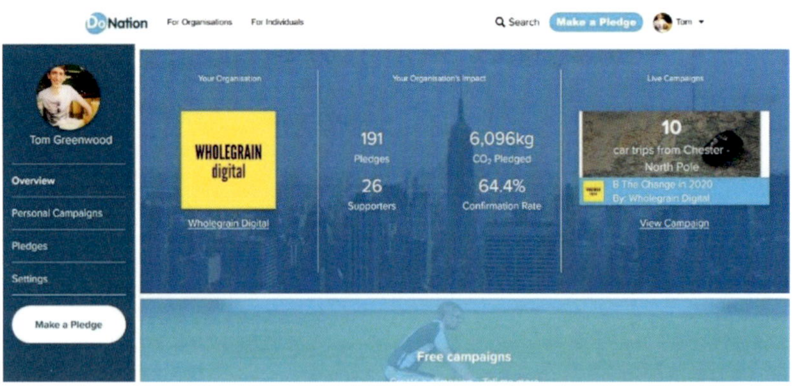

Abb. 1.4: Do Nation hat unserem Team bei Wholegrain Digital geholfen, kleine, aber sinnvolle Änderungen im Lebensstil vorzunehmen.

Wir können auch indirekte Formen der Regeneration entdecken. Zum Beispiel verwendet die Suchmaschine Ecosia Gewinne aus bezahlter Werbung, um Aufforstungsprojekte zu finanzieren. Die Suchmaschine selbst trägt nicht wirklich zur Wiederherstellung der Natur bei - es ist schließlich nur eine Suchmaschine -, aber die Nutzung der Suchmaschine ist direkt mit positiven Maßnahmen zur Wiederherstellung der Natur verbunden. Die Homepage von Ecosia inspiriert mit einer laufenden Zählung der bisher gepflanzten Bäume und zeigt jedem Nutzer, wie viele Bäume er persönlich durch die Nutzung von Ecosia als Suchmaschine beigetragen hat. Die

Zahlen sind auch nicht nur Show; Ecosias FAQ-Dokumentation enthält reichlich Informationen über die Konzepte hinter den von ihnen finanzierten Aufforstungsinitiativen (Abb. 1.5) (http://bkaprt.com/swd/01-10/).

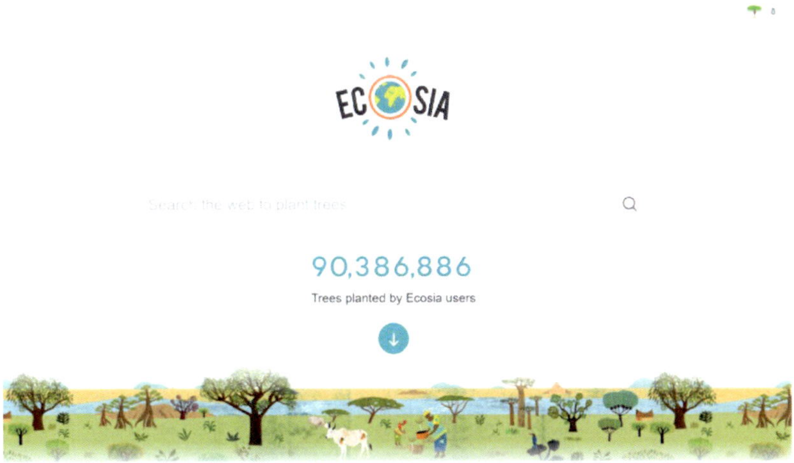

Abb. 1.5: Ecosia hat über 90 Millionen Bäume gepflanzt und fördert bewährte Verfahren bei Projekten zur Wiederherstellung von Ökosystemen.

Resilient

Mit der Verschärfung des Klimawandels wird das Internet ein wichtiges Instrument sein, um die Widerstandsfähigkeit (die Resilienz) der Gesellschaft zu gewährleisten, indem es uns hilft Wissen über die Probleme und die möglichen Lösungen schnell zu teilen.

Damit wir in Krisenzeiten von den Vorteilen des Webs profitieren können, muss das Web selbst widerstandsfähig genug sein, um die am wenigsten privilegierten Menschen in den am stärksten betroffenen Gebieten zuverlässig mit Informationen zu versorgen. Ein resilientes Web ist eines, in dem wichtige Informationen und Webdienste selbst über die langsamsten Verbindungen, auf jedem Gerät und unter fast allen Bedingungen - vom fahrenden Auto bis hin zu einer Naturkatastrophe - zugänglich sind. Resilientes Webdesign vermeidet Single Points of Failure und berücksichtigt den "Graceful Degradation"-Zustand der Technologie, so dass bei einem Ausfall eines Teils des Systems wichtige Informationen weiterhin für den Benutzer bereitgestellt werden können und für den angedachten Zweck nutzbar bleiben, selbst wenn erweiterte Funktionen verloren gehen.

Der Software-Ingenieur Chris Bolin hat eine Website erstellt, auf die nur zugegriffen werden kann, wenn der Benutzer nicht mit dem Internet verbunden ist (Abb. 1.6) (http://bkaprt.com/swd/01-11/). Er wollte damit unterstreichen, dass wir uns mehr Zeit offline nehmen müssen, weg von den Ablenkungen durch soziale Medien und Messaging-Apps. Dabei hat er auch sehr schön demonstriert, wie wir im Webbrowser Erlebnisse schaffen können, die auch dann funktionieren, wenn die Internetverbindung komplett unterbrochen ist. Er zeigt, wie Webseiten, obwohl sie *aus dem Web stammen*, nicht immer mit diesem verbunden sein müssen. Sich dieses Konzept zu eigen zu machen, ist nur eine Möglichkeit wie wir widerstandsfähigere Webdienste erstellen können.

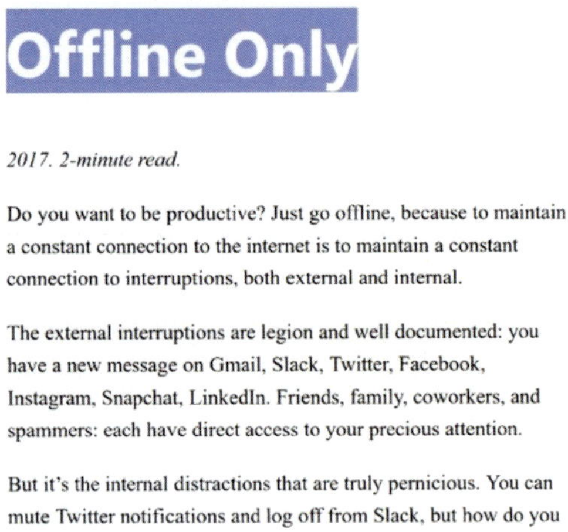
Offline Only

2017. 2-minute read.

Do you want to be productive? Just go offline, because to maintain a constant connection to the internet is to maintain a constant connection to interruptions, both external and internal.

The external interruptions are legion and well documented: you have a new message on Gmail, Slack, Twitter, Facebook, Instagram, Snapchat, LinkedIn. Friends, family, coworkers, and spammers: each have direct access to your precious attention.

But it's the internal distractions that are truly pernicious. You can mute Twitter notifications and log off from Slack, but how do you

Abb. 1.6: Sie können diese Seite nur sehen, wenn Sie Ihr Internet ausschalten.

Unsere Rollen im nachhaltigen Webdesign

Obwohl viel auf dem Spiel steht, wenn es um die Gesundheit unseres Heimatplaneten geht, dürfen wir unsere Bemühungen nicht mit einem Alles-oder-Nichts-Ansatz unterminieren, bei dem nichts weniger als Perfektion ausreichen würde. Eines kann ich garantieren: Nichts, was einer von uns tun wird, wird perfekt sein. Die Herausforderung besteht für uns alle darin, zu sehen, wie nahe wir ihr kommen können. Wir alle haben eine Rolle bei der Schaffung eines nachhaltigen Webs zu spielen, was auch immer unser Job in der digitalen Welt sein mag.

In traditionellen Industrien bestand der typische Ansatz ein Unternehmen ökologisch nachhaltig zu machen darin, Berater hinzuzuziehen, um Inputs und Outputs zu messen, Berichte zu schreiben und über Maßnahmen zu beraten, die helfen könnten Verbesserungen zu erzielen. Obwohl dies in vielerlei Hinsicht großartig ist, können wir am Mangel an echten Fortschritten bei der Bekämpfung des Klimawandels sehen, dass dieses Vorgehen nicht sonderlich effektiv ist. Es ist ein radikalerer Wandel erforderlich und die Organisationen die große Schritte nach vorne in Sachen Nachhaltigkeit gemacht haben sind diejenigen, die Nachhaltigkeit nicht nur als Sahnehäubchen auf dem Kuchen behandeln, sondern als grundlegend für den gesamten Prozess der Kuchenherstellung.

Nehmen wir Ecover, das belgische Unternehmen, das Pionierarbeit bei umweltfreundlichen Reinigungsprodukten geleistet hat. Das Unternehmen wurde 1979 von einer Gruppe von Wissenschaftlern gegründet, die über die Schäden schockiert waren, die moderne Reinigungschemikalien an Wasserlebewesen anrichteten (http://bkaprt.com/swd/01-12/). Nachhaltigkeit durchdringt seit über vierzig Jahren jeden Aspekt des Unternehmens. Die Fabrik mit grünem Dach in Malle besteht zu 90 Prozent aus recycelten und nachwachsenden Materialien und ist kurz davor eine der ersten wirklich abfallfreien Fabriken der Welt zu werden (http://bkaprt.com/swd/01-13/). Im Jahr 2001 verschenkte Ecover seine biologisch abbaubare Formel in einer Werbekampagne und forderte die Konkurrenz heraus, ihre Technologie "der Natur zuliebe" zu kopieren (Abb. 1.7). Ecover-Konzeptdirektor Peter Malaise sagte damals: "Wenn auch nur eine der großen Marken unsere Formel übernehmen würde, hätte das einen großen Einfluss auf die Umwelt" (http://bkaprt.com/swd/01-14/).

Das Unternehmen hat in der Reinigungsbranche die Führungsrolle in Sachen Nachhaltigkeit erlangt, ist gleichzeitig zu einem bekannten Namen in ganz Europa geworden und konkurriert direkt mit globalen Giganten wie Unilever, die nun versuchen mit ihren grünen Referenzen zu konkurrieren (http://bkaprt.com/swd/01-15/).

Abb. 1.7: Die authentische Verankerung von ökologischen Werten sorgt für eine klare Botschaft und die Markenidentität von Ecover. Foto mit freundlicher Genehmigung von Ecover.

Patagonia ist ein weiteres Beispiel für ein Unternehmen das Nachhaltigkeit in den Mittelpunkt seines Handelns stellt, mit einem Leitbild, das ganz klar sagt: "Wir sind im Geschäft, um unseren Heimatplaneten zu retten." Der Gründer Yvon Chouinard erzählte Fast Company, dass er, um sicherzustellen, dass diese Mission im gesamten Unternehmen verankert ist, der Personalabteilung gesagt hat: "Wann immer wir eine offene Stelle haben, stellen wir unter allen Umständen die Person ein die sich für die Rettung des Planeten einsetzt, egal, um welchen Job es sich handelt" (http://bkaprt.com/swd/01-16/).

Dieses Engagement für Nachhaltigkeit hat zu einigen ziemlich gewagten Aktivitäten geführt, darunter:

- Die Verwendung und Entwicklung von umweltfreundlichen Textilien, wie z.B. recyceltem Polyester-Fleece und Naturkautschuk-Neoprenanzügen (http://bkaprt.com/swd/01-17/).
- Verwendung von Gewinnen zur Finanzierung von Umweltaktivismus durch Zuschüsse an Graswurzelbewegungen im Umweltbereich (http://bkaprt.com/swd/01-18/) und Mitbegründung der gemeinnützigen Organisation "1% For The Planet", mit dem Ziel Organisationen zu zertifizieren die 1 Prozent ihrer eigenen Einnahmen an Umweltorganisationen spenden (http://bkaprt.com/swd/01-19/).
- Aufbau einer eigenen Filmabteilung und Produktion von Umweltdokumentarfilmen wie Damnation, ein Film, der das Bewusstsein für den Schutz der letzten natürlichen Flüsse Europas schärfen soll (http://bkaprt.com/swd/01-20/).
- Start eines Programms zur Instandsetzung gebrauchter Patagonia-Kleidung, das ursprünglich Common Threads hieß und jetzt Worn Wear heißt. Es wurde mit einer Anzeige in der *New York Times* am Black Friday 2011 gestartet, in der die Kunden aufgefordert wurden die Umwelt zu schützen, indem sie *keine* neue Kleidung bei ihnen kaufen (http://bkaprt.com/swd/01-21/, http://bkaprt.com/swd/01-22/). Die Website von Worn Wear erklärt die Vorteile des Gebrauchtkaufs und wie man seine alte Kleidung eintauschen kann - und, was vielleicht am wichtigsten ist, sie lässt gebrauchte Kleidung so ansprechend wie neue aussehen (Abb. 1.8).

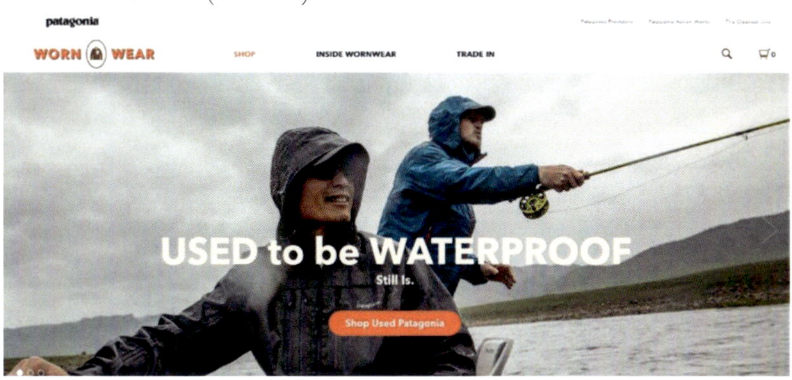

Abb. 1.8: Patagonia Worn Wear verkauft instandgesetzte Kleidung über eine Webseite, die das Gefühl vermittelt, dass die Kleidung wirklich so gut wie neu ist

Unternehmen wie Ecover und Patagonia zeigen uns was erreicht werden kann, wenn wir Nachhaltigkeit priorisiert und nicht als nachrangiges Ziel behandeln. Im Webdesign und in der Webentwicklung können wir davon lernen und ebenfalls Nachhaltigkeit in alles einbetten was wir tun. Lassen Sie uns Nachhaltigkeit als Katalysator nutzen, um grundlegend bessere Web-Produkte und Dienstleistungen zu schaffen - nicht nur für die Umwelt, sondern auch für die Menschen, die das Web nutzen und die Organisationen, die über das Web Dienstleistungen anbieten.

Ist das unser Problem?

Man könnte argumentieren, dass es nicht die Aufgabe von Web-Profis sich mit Nachhaltigkeit zu beschäftigen. Wir generieren einfach die Produkte und Dienstleistungen, die die Leute nutzen wollen. Sicherlich liegt es in der Verantwortung des Verbrauchers das Internet vernünftig zu nutzen, energiesparende Geräte zu kaufen und seine Daten sparsam zu verwenden.

Dieses Konzept wurde von so ziemlich jeder Branche übernommen, wenn es darum ging, sich den eigenen Umweltauswirkungen zu stellen. Es begann in den 1950er Jahren, als sich die American Can Company, Owens-Illinois Glass Company, Coca-Cola und die Dixie Cup Company zusammentaten, um eine Lösung für den wachsenden Druck zur Regulierung von Einwegverpackungen zu entwickeln. Sie wussten, dass das Problem des Mülls nicht verschwinden würde und in der Öffentlichkeit auf immer weniger Akzeptanz stieß, aber Einwegverpackungen waren unglaublich profitabel (http://bkaprt.com/swd/01-23/).

Sie brauchten einen Weg, um Regulierungen zu vermeiden, die die Verwendung von Einweggeschirr einschränken könnten und ihre Lösung war schlau. Sie gründeten eine gemeinnützige Organisation namens "Keep America Beautiful" und steckten beträchtliche Geldsummen in Kampagnen zur Sensibilisierung gegenüber Umweltproblemen. Das half ihnen gut dazustehen, aber das eigentliche Geniale lag in der Botschaft hinter den Kampagnen - dass der Müll (engl. Orig. „litter“, Anm. d. Übersetzers) auf den Straßen nichts mit den Herstellern zu tun hatte, sondern die Schuld bei der Person lag, die ihn fallen ließ - dem *Litter Bug*. Keep America Beautiful schaffte es, die gesamte Debatte um Amerikas Müll- und Abfallprobleme weg von der Industrie und hin zu den Verbrauchern zu verlagern und diese Strategie wurde seitdem immer wieder kopiert.

Wir *könnten* das Gleiche auch als digitale Industrie tun und es würde wahrscheinlich funktionieren, indem wir etwas unerwünschten Druck von unserem Sektor wegverlagern. Aber wie die anderen Industrien, die diesen Ansatz gewählt haben, würde es ebenfalls den Fokus von den tatsächlichen

Problemen nehmen und von den notwendigen Lösungen ablenken. Es ist "gutes" Marketing, aber es ist kein gutes Verhalten.

Ein weiteres Argument ist, dass es in der Verantwortung der Regierung liegt, die Umweltprobleme im Zusammenhang mit dem Internet anzugehen. Ich habe die Behauptung gehört, dass einzelne Fachleute und Organisationen keinen Einfluss nehmen können und dass eine Regulierung notwendig ist, um den negativen Beitrag dieser Branche zu reduzieren. Wir sollten uns an die Worte der Anthropologin Margaret Mead erinnern: "Zweifeln Sie nie daran, dass eine kleine Gruppe von aufmerksamen, engagierten Bürgern die Welt verändern kann; genaugenommen ist es das Einzige, was jemals zu Änderungen geführt hat". Wenn also ein staatliches Eingreifen notwendig ist, dann sollte es nicht *anstelle* von individuellen Bemühungen erfolgen, sondern *zusätzlich* dazu.

Es ist also unser Problem und obwohl kein einzelnes Webprojekt alles auf einmal "lösen" kann, leistet jeder von uns einen Beitrag.

Angesichts der epischen Herausforderung auf den Klimanotstand zu reagieren, wird der Erfolg davon abhängen, dass jeder Einzelne von uns individuelle Maßnahmen ergreift und mit den Menschen um uns herum zusammenarbeitet, um eine echte Wirkung zu erzielen, die größer ist als die Summe der Einzelbeiträge. Wir alle haben eine Rolle zu spielen und gemeinsam können wir ein Netz schaffen, das den Bedürfnissen der Gesellschaft für kommende Generationen dient.

2. DIE AUSWIRKUNGEN UNSERES HANDELNS MESSEN

In den 1950er Jahren hatten viele in der Elite-Laufgemeinschaft begonnen zu glauben, dass es nicht möglich sei, eine Meile in weniger als vier Minuten zu laufen. Läufer hatten es seit dem späten 19. Jahrhundert versucht und begannen die Schlussfolgerung zu ziehen, dass der menschliche Körper einfach nicht für diese Aufgabe gebaut war.

Doch am 6. Mai 1956 überraschte Roger Bannister alle. Es war ein kalter, nasser Tag in Oxford, England - Bedingungen, von denen niemand erwartete, dass sie sich für Rekorde eignen würden - und doch tat Bannister genau das: Er lief eine Meile in 3:59,4 und wurde der erste Mensch in den Rekordbüchern der eine Meile in unter vier Minuten lief.

Diese Verschiebung der Messlatte hatte tiefgreifende Auswirkungen; die Welt wusste nun, dass die vierminütige Meile möglich war. Bannisters Rekord hielt nur sechsundvierzig Tage und wurde vom australischen Läufer John Landy übertroffen. Ein Jahr später unterboten drei Läufer gemeinsam die Vier-Minuten-Grenze im selben Rennen. Seitdem sind über 1.400 Läufer offiziell eine Meile unter vier Minuten gelaufen; der aktuelle Rekord liegt bei 3:43,13, gehalten vom marokkanischen Athleten Hicham El Guerrouj (http://bkaprt.com/swd/02-01/).

Wir erreichen viel mehr, wenn wir daran glauben, dass etwas möglich ist und wir werden nur dann daran glauben, wenn wir sehen, dass jemand anderes es bereits geschafft hat - und so wie es mit der menschlichen Laufgeschwindigkeit ist, ist es auch mit dem, was wir für die harten Gegebenheiten halten, wie eine Webseite funktionieren muss.

Etablierung von Standards für ein nachhaltiges Web

In den meisten großen Industrien sind die Schlüsselkennzahlen für die Umweltleistung ziemlich gut etabliert, z. B. Meilen pro Gallone für Autos oder Energie pro Quadratmeter für Häuser. Auch die Werkzeuge und Methoden zur Berechnung dieser Kennzahlen sind standardisiert, so dass alle bei der

Umweltbewertung die gleichen Maßstäbe nutzen. In der Welt der Webseiten und Apps sind wir jedoch nicht an bestimmte Umweltstandards gebunden und verfügen erst seit kurzem über die Werkzeuge und Methoden, die wir benötigen, um überhaupt eine Umweltbewertung durchzuführen.

Das primäre Ziel beim nachhaltigen Webdesign ist die Reduzierung der *CO2-Emissionen*. Allerdings ist es fast unmöglich die von einem Webprodukt erzeugte CO2-Menge tatsächlich zu messen. Wir können nicht die Abgase messen, die aus den Auspuffrohren unserer Laptops kommen. Die Emissionen unserer Webseiten werden weit entfernt erzeugt, aus den Augen und aus dem Sinn, sie kommen aus Kraftwerken, die Kohle und Gas verbrennen. Wir haben keine Möglichkeit, die Elektronen einer Webseite oder einer App bis zu dem Kraftwerk zurückzuverfolgen, in dem der Strom erzeugt wird und die genaue Menge des erzeugten Treibhausgases nachzuvollziehen. Wie gehen wir also damit um?

Wenn wir die tatsächlichen Kohlenstoffdioxidemissionen nicht messen können, dann müssen wir herausfinden was wir messen *können*. Die wichtigsten Faktoren, die als Indikatoren für Kohlenstoffemissionen verwendet werden können, sind:

1. Datenübertragung
2. CO2-Intensität von Strom

Lassen Sie uns einen Blick darauf werfen, wie wir diese Metriken nutzen können, um den Energieverbrauch und damit den CO2-Fußabdruck der von uns erstellten Websites und Webanwendungen zu quantifizieren.

Datenübertragung

Die meisten Forscher verwenden Kilowattstunden pro Gigabyte (kWh/GB) als Metrik für die Energieeffizienz, wenn sie die Datenmenge messen, die bei der Nutzung einer Website oder Anwendung über das Internet übertragen wird. Dies bietet einen guten Anhaltspunkt für den Energieverbrauch und die CO2-Emissionen. Als Faustregel gilt: Je mehr Daten übertragen werden, desto mehr Energie wird im Rechenzentrum, in den Telekommunikationsnetzen und auf den Endgeräten verbraucht.

Bei Webseiten lässt sich der Datentransfer für einen einzelnen Besuch am einfachsten abschätzen, indem man das *Seitengewicht* misst, d. h. die Übertragungsgröße der Seite in Kilobytes beim ersten Besuch der Seite. Dieser Wert ist mit den Entwickler-Tools in jedem modernen Webbrowser recht einfach zu messen. Oft enthält Ihr Webhosting-Konto Statistiken für den gesamten Datentransfer einer Webanwendung (Abb. 2.1).

Abb. 2.1: Das Kinsta-Hosting-Dashboard zeigt neben den Besucherzahlen auch den Datentransfer an. Wenn Sie den Datentransfer durch die Besuche teilen, erhalten Sie die durchschnittliche Datenmenge pro Besuch, die als Metrik für die Effizienz verwenden können.

Das Schöne an der Seitengewichtung als Metrik ist, dass sie es uns erlaubt, die Effizienz von Webseiten auf Basis einer einheitlichen Messgröße zu vergleichen, ohne diesen Wert durch die sich ständig ändernden Besucherzahlen unvergleichbar zu machen.

Die Reduzierung des Seitengewichts ist eine größere Baustelle. Anfang 2020 lag der Median des Seitengewichts bei 1,97 MB für Setups, die das HTTP-Archive (httparchive.org, Anm. d. Übers.) als "Desktop" klassifiziert und bei 1,77 MB für "Mobile", wobei das Desktop-Seitengewicht seit Januar 2016 um 36 Prozent gestiegen ist und sich das mobile Seitengewicht im gleichen Zeitraum fast verdoppelt hat (http://bkaprt.com/swd/02-02/) (Abb. 2.2). Etwa die Hälfte dieses Datentransfers verursachen Bilddateien, womit Bilder die größte Einzelquelle für CO2-Emissionen auf einer durchschnittlichen Website sind.

Die Geschichte zeigt uns deutlich, dass unsere Webseiten kleiner sein *können*, wenn wir uns nur darauf einlassen. Während die meisten Technologien immer energieeffizienter werden, darunter auch die dem Web zugrunde liegende Technologien wie Rechenzentren und Übertragungsnetzwerke, sind Webseiten selbst eine Technologie, die mit der Zeit immer weniger effizient wird.

Vielleicht kennen Sie das Konzept der Performance-Budgetierung als eine Möglichkeit, ein Projektteam auf die Erstellung schnellerer Benutzererlebnisse zu fokussieren. Wir könnten zum Beispiel festlegen, dass die Website in maximal einer Sekunde bei einer Breitbandverbindung und in drei

Sekunden bei einer 3G-Verbindung laden muss. Ähnlich wie Geschwindigkeitsbegrenzungen beim Autofahren sind Performance-Budgets eher Obergrenzen als vage Vorschläge, daher sollte das Ziel immer sein, unter dem Budget zu bleiben.

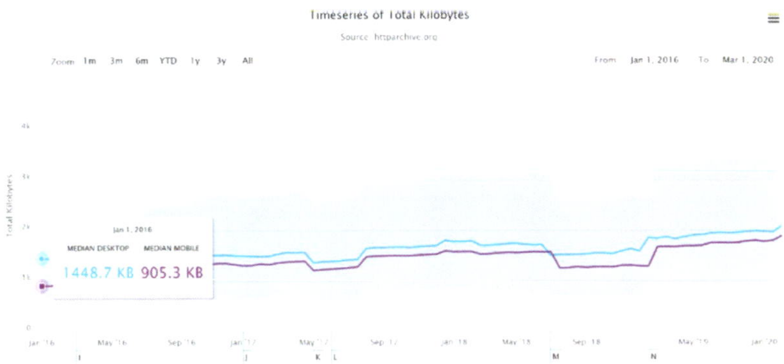

Abb. 2.2: Die historischen Seitengewichtsdaten aus dem HTTP-Archive können uns eine Menge darüber lehren, was in Zukunft möglich ist.

Das Design für schnelle Performance führt zwar oft zu reduziertem Datentransfer und Emissionen, aber das ist nicht immer der Fall. Bei der Web-Performance geht es oft mehr um die subjektive Wahrnehmung von Ladezeiten als um die wahre Effizienz des zugrundeliegenden Systems, wohingegen Seitengewicht und Transfergröße objektivere Maße und zuverlässigere Maßstäbe für nachhaltiges Webdesign sind.

Wir können ein Budget für die Seitengewichtung in Bezug auf einen Benchmark von Branchendurchschnittswerten festlegen, indem wir Daten aus Quellen wie dem HTTP-Archive verwenden. Wir können das Seitengewicht auch mit Wettbewerbern oder der alten Version der Webseite, die wir ersetzen, vergleichen. Wir könnten zum Beispiel auch ein maximales Seitengewichtsbudget festlegen, das dem unseres effizientesten Mitbewerbers entspricht oder wir könnten den Benchmark niedriger ansetzen, um zu garantieren, dass wir die Besten in unserer Klasse sind.

Wenn wir es auf die nächste Stufe bringen wollen, dann könnten wir auch anfangen die Übertragungsgröße unserer Webseiten für wiederkehrende Besucher zu analysieren. Obwohl das Seitengewicht beim ersten Besuch am einfachsten zu messen und leicht zu vergleichen ist, können wir noch mehr lernen, wenn wir uns die Übertragungsgröße auch in anderen Szenarien ansehen. Zum Beispiel haben Besucher, die dieselbe Seite mehrmals laden, wahrscheinlich einen hohen Prozentsatz der Dateien in ihrem Browser zwischengespeichert, was bedeutet, dass sie bei nachfolgenden

Besuchen nicht alle Dateien übertragen müssen. Ebenso muss ein Besucher, der zu Unterseiten auf derselben Website navigiert, wahrscheinlich nicht jedes Mal die gesamte Seite laden, da einige globale Assets aus Bereichen wie dem Header oder Footer bereits in seinem Browser zwischengespeichert sind. Die Messung der Übertragungsgröße auf dieser nächsten Detailebene kann uns helfen noch mehr darüber zu erfahren, wie wir die Effizienz für Benutzer die unsere Seiten regelmäßig besuchen optimieren können und ermöglicht es uns, Budgets für die Seitengewichtung für zusätzliche Szenarien über den ersten Besuch hinaus festzulegen.

Seitengewichtsbudgets sind während des gesamten Design- und Entwicklungsprozesses leicht zu verfolgen. Obwohl sie nicht direkt die CO2-Emissionen und den Energieverbrauch analysieren, geben sie uns einen klaren Hinweis auf die Effizienz im Vergleich zu anderen Webseiten. Und da die Übertragungsgröße eine effektive Annäherungsgröße für den Energieverbrauch ist, können wir sie tatsächlich auch zur Abschätzung des Energieverbrauchs verwenden.

Zusammengefasst bedeutet reduzierter Datentransfer Energieeffizienz, ein Schlüsselfaktor zur Reduzierung der CO2-Emissionen von Webprodukten. Je effizienter unsere Produkte sind, desto weniger Strom verbrauchen sie und desto weniger fossile Brennstoffe müssen verbrannt werden, um den Strom für ihren Betrieb zu erzeugen. Aber wie wir als Nächstes sehen werden, ist es wichtig, auch die Quelle des Stroms zu berücksichtigen, da alle Webprodukte *einen gewissen* Strombedarf haben.

CO2-Intensität von Strom

Unabhängig von der Energieeffizienz hängt der Grad der Umweltverschmutzung, der durch digitale Produkte verursacht wird, von der *CO2-Intensität* der Energie ab, mit der sie betrieben werden. CO2-Intensität ist ein Begriff, der verwendet wird, um die Gramm CO2 zu definieren, die für eine Kilowattstunde Strom erzeugt werden (gCO2/kWh). Diese variiert stark, wobei erneuerbare Energiequellen und Kernenergie eine extrem niedrige CO2-Intensität von weniger als 10 gCO2/kWh haben (selbst wenn man ihren Bau berücksichtigt), während fossile Brennstoffe eine sehr hohe CO2-Intensität von etwa 200-400 gCO2/kWh haben (http://bkaprt.com/swd/02-03/, http://bkaprt.com/swd/02-04/).

Der meiste Strom kommt aus nationalen oder staatlichen Netzen, in denen Energie aus einer Vielzahl verschiedener Quellen mit unterschiedlicher CO2-Intensität zusammengemischt wird. Der verteilte Aufbau des Internets bedeutet, dass ein einzelner Nutzer einer Webseite oder App Energie aus mehreren verschiedenen Netzen gleichzeitig nutzen kann; ein Webseiten-Nutzer in Paris nutzt Strom aus dem französischen Stromnetz, um sein Internet und seine Geräte zu Hause zu betreiben, aber das Rechenzentrum der Webseite könnte in Dallas, USA, liegen und Strom aus dem texanischen Netz beziehen, während die Telekommunikationsnetze Energie von überall zwischen Dallas und Paris nutzen.

Wir haben keine Kontrolle über die gesamte Energieversorgung von Webdiensten, aber wir haben eine gewisse Kontrolle darüber, wo wir unsere Projekte hosten. Da ein Rechenzentrum einen beträchtlichen Teil der Energie einer Website verbraucht, wird die Ansiedlung des Rechenzentrums in einem Gebiet mit kohlenstoffdioxidarmer Energie die CO2-Emissionen spürbar reduzieren. Das dänische Startup Tomorrow berichtet und kartiert diese von Nutzern eingegebenen Daten, und ein Blick auf ihre Karte zeigt, dass beispielsweise die Wahl eines Rechenzentrums in Frankreich deutlich weniger Kohlenstoffemissionen verursacht als ein Rechenzentrum in den Niederlanden (Abb. 2.3) (http://bkaprt.com/swd/02-05/).

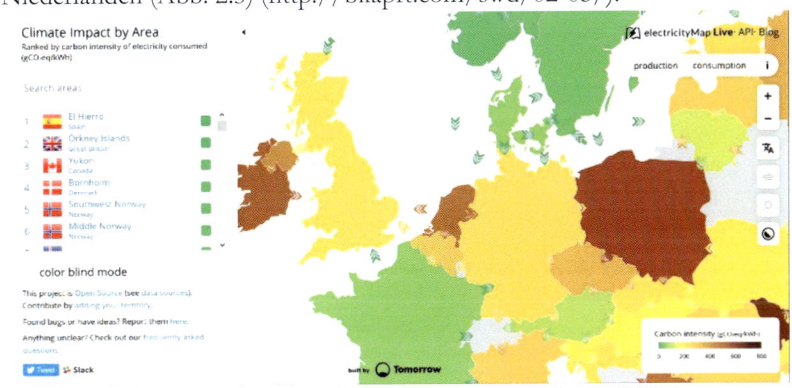

Abb. 2.3: Die Tomorrow's electricityMap zeigt Live-Daten für die CO2-Intensität von Strom nach Ländern.

Dennoch wollen wir unsere Server nicht zu weit von unseren Nutzern entfernt aufstellen; es kostet Energie, Daten durch die Telekommunikationsnetze zu übertragen und je weiter die Daten transferiert werden, desto mehr Energie wird verbraucht. Genau wie bei den Lebensmittelmeilen können wir uns die Entfernung zwischen dem Rechenzentrum und der Hauptnutzerbasis der Webseite als "Megabyte-Meilen" vorstellen - und wir wollen, dass sie so klein wie möglich ist.

Indem wir die Entfernung selbst als Maßstab verwenden, können wir mithilfe von Webseiten-Analysen das Land, das Bundesland oder sogar die

Stadt identifizieren, in der sich unsere Hauptbenutzergruppe befindet und die Entfernung von diesem Standort zu dem von unserem Hosting-Unternehmen verwendeten Rechenzentrum messen. Dies wird eine etwas unscharfe Metrik sein, da wir den genauen Schwerpunkt unserer Benutzer oder den genauen Standort eines Rechenzentrums nicht kennen, aber wir können zumindest eine grobe Vorstellung bekommen.

Wenn zum Beispiel eine Webseite in London gehostet wird, aber die Hauptnutzerbasis an der Westküste der USA liegt, dann könnten wir die Entfernung von London nach San Francisco nachschlagen, die 5.300 Meilen beträgt. Das ist ein weiter Weg! Wir sehen, dass ein Hosting irgendwo in Nordamerika, idealerweise an der Westküste, die Entfernung und damit den Energieaufwand für die Übertragung der Daten erheblich reduzieren würde. Außerdem trägt die Nähe unserer Server zu unseren Besuchern dazu bei, die Latenzzeit zu reduzieren und eine bessere Benutzererfahrung zu bieten - es ist also eine Win-Win-Situation.

Umrechnung zurück in CO2-Emissionen

Wenn wir die CO2-Intensität mit einer Berechnung des Energieverbrauchs kombinieren, können wir die CO2-Emissionen unserer Webseiten und Apps berechnen. Ein von meinem Team erstelltes Tool tut dies, indem es den Datentransfer beim Laden einer Webseite misst, die damit verbundene Strommenge berechnet und diese dann in ein CO2 Äquivalent umrechnet (Abb. 2.4). Dabei wird auch berücksichtigt, ob das Webhosting mit erneuerbarer Energie betrieben wird oder nicht.

Wenn Sie noch einen Schritt weiter gehen und die Daten genauer auf die einzigartigen Aspekte Ihres Projekts zuschneiden möchten, zeigt Ihnen das unter folgendem Link bereitgestellte Arbeitsblatt für Energie und Emissionen, wie das geht (http://bkaprt.com/swd/02-06/).

Mit der Möglichkeit, die CO2-Emissionen für unsere Projekte zu berechnen, könnten wir mit dem Budget für das Seitengewicht sogar noch einen Schritt weiter gehen und auch CO2-Budgets festlegen. CO2 ist keine Metrik, die üblicherweise in Web-Projekten verwendet wird. Wir sind eher mit Kilobytes und Megabytes vertraut und können relativ einfach Design-Optionen und Dateien betrachten, um zu beurteilen, wie groß sie sind. Die Übersetzung in CO2 fügt eine Abstraktionsebene hinzu die nicht so intuitiv ist - aber CO2-Budgets fokussieren unseren Verstand auf die primäre Sache, die wir zu reduzieren versuchen und unterstützen das Kernziel des nachhaltigen Webdesigns: die Reduzierung von CO2-Emissionen.

Abb. 2.4: Der Webseiten-CO2-Rechner zeigt, wie die Riverford Organic Webseite ihr Engagement für Nachhaltigkeit verkörpert, da sie sowohl CO2-arm ist als auch in einem Rechenzentrum gehostet wird, das erneuerbare Energien nutzt (http://bkaprt.com/swd/02-07/).

Browser Energieverbrauch

Die Datenübertragung mag der einfachste und vollständigste Annäherungswert für den Energieverbrauch in unseren digitalen Projekten sein, aber indem sie uns eine Zahl für den Energieverbrauch im Rechenzentrum, in den Telekommunikationsnetzen und in den Geräten des Endbenutzers liefert, kann sie uns keine Einblicke in die Effizienz in einem bestimmten Teil des Systems bieten.

Ein Teil des Systems, den wir genauer betrachten können, ist die Energie, die von den Geräten der Endbenutzer verbraucht wird. Da die Front-End-Webtechnologien immer fortschrittlicher werden, verlagert sich die Rechenlast zunehmend vom Rechenzentrum auf die Geräte der Benutzer, seien es Handys, Tablets, Laptops, Desktops oder sogar Smart-TVs. Moderne Webbrowser ermöglichen es uns, komplexeres Styling und Animationen on the fly mit CSS und JavaScript zu implementieren. Darüber hinaus ermöglichen uns JavaScript-Bibliotheken wie Angular und React, Anwendungen zu erstellen, bei denen die "denkende" Arbeit teilweise oder ganz im Browser erledigt wird.

Abb. 2.5: Das Energy Impact Meter in Safari (rechts) zeigt, wie eine Website CPU-Energie verbraucht.

All diese Fortschritte sind aufregend und eröffnen neue Möglichkeiten für das, was das Web für die Gesellschaft tun sowie an positiven Erfahrungen schaffen kann. Mehr Rechenleistung im Webbrowser des Benutzers bedeutet jedoch auch mehr Energieverbrauch für die Geräte. Dies hat nicht nur Auswirkungen auf die Umwelt, sondern auch auf das Benutzererlebnis und die Inklusionsfähigkeit. Anwendungen, die das Gerät des Benutzers stark belasten, können unbeabsichtigt Benutzer mit älteren, langsameren Geräten ausschließen und dazu führen, dass die Batterien von Telefonen und Laptops schneller leer werden. Wenn wir darüber hinaus Webanwendungen bauen, die vom Benutzer verlangen, dass er über aktuelle, leistungsstarke Geräte verfügt, werfen die Leute alte Geräte viel häufiger weg. Das ist nicht nur schlecht für die Umwelt, sondern belastet auch die Ärmsten der Gesellschaft finanziell überproportional.

Zum Teil, weil die Werkzeuge begrenzt sind, und zum Teil, weil es so viele verschiedene Gerätemodelle gibt, ist es schwierig, den Energieverbrauch von Webseiten auf den Geräten der Endbenutzer zu messen. Ein Werkzeug, das uns derzeit zur Verfügung steht, ist der Energy Impact Monitor innerhalb der Entwicklerkonsole des Safari-Browsers (Abb. 2.5).

Kennen Sie das, wenn Sie eine Webseite laden und die Lüfter Ihres Computers so wild zu drehen beginnen, dass Sie denken, er könnte tatsächlich abheben? Das ist im Wesentlichen das, was dieses Tool misst.

Es zeigt uns den Prozentsatz der CPU-Nutzung und die Dauer der CPU-Nutzung beim Laden der Webseite und verwendet diese Zahlen, um eine Bewertung der Energieauswirkungen zu erstellen. Es gibt uns keine genauen Daten für die verbrauchte Strommenge in Kilowatt, aber die Informationen, die es liefert, können verwendet werden, um zu bewerten, wie effizient Ihre Webseiten Energie verbrauchen und Ziele für Verbesserungen zu setzen.

Wie man Nachhaltigkeits-Benchmarks verwendet

Wie gehen Sie also vor, wenn Sie Benchmarks verwenden, um die Nachhaltigkeit Ihrer Webprojekte zu verbessern? Zunächst müssen Sie entscheiden, auf welche Metriken Sie sich konzentrieren, je nachdem, was Ihnen für Ihr Projekt am relevantesten erscheint und auf welche Daten Sie Zugriff haben.

Für jede Metrik wäre der *ideale* Wert zur Minimierung der Emissionen gleich null. Die ideale Menge an Datentransfer zur Minimierung der Emissionen ist 0 KB, die ideale Menge an Datenspeicher ist 0 MB und die ideale Entfernung vom Rechenzentrum zum Web-Besucher ist null Meilen. Sie verstehen die Idee - wenn alle Zahlen gleich Null sind, dann sind auch die CO2-Emissionen gleich Null.

Ich wette Sie denken, dass das nicht realistisch ist und Sie haben Recht! Es mag stimmen, dass die umweltfreundlichste Webseite diejenige ist, die es nicht gibt, aber als Webdesigner und Entwickler ist das kein besonders hilfreicher Ratschlag. Wir müssen daher diese Metriken nutzen, um uns selbst herauszufordern, um zu sehen, wie weit wir gehen können, ohne die Kernanforderungen der Produkte, die wir erstellen, zu gefährden.

Ich empfehle die folgenden Schritte zur Festlegung eines Nachhaltigkeitsbudgets für jede von Ihnen gewählte Kennzahl:

- **Benchmark.** Messen Sie die relevanten Metriken von vergleichbaren Webseiten. Dies wäre idealerweise die aktuelle Version einer Seite, die Sie neu gestalten, sofern es eine gibt, und die entsprechenden Seiten auf den Webseiten Ihrer Mitbewerber. Dies zeigt Ihnen die Variation innerhalb Ihrer Branche für die Darstellung gleichwertiger Informationen und ermöglicht Ihnen ein Benchmarking der aktuellen Best Practice in Ihrer Branche.
- **Überlegen Sie, was möglich ist.** Die Benchmark die Sie festgelegt haben sagt Ihnen, was aktuell erreicht wurde, aber nicht was theoretisch möglich ist. Jetzt müssen wir abschätzen, was theoretisch in einem Best-Case-Szenario möglich ist. Zum Beispiel könnten Sie das bestmögliche Seitengewicht schätzen, indem Sie mit Ihrem CMS eine einfache Webseite mit textlichen Inhalten, aber ohne Videos, Bilder, benutzerdefinierte Webfonts oder Tracking-Skripte erstellen.
- **Legen Sie Ihr Budget fest.** Jetzt, da wir wissen, was normal ist, was die aktuell beste Praxis in unserer Branche sowie das theoretische Best-Case-Szenario ist, haben wir die Informationen, aus denen wir ein Budget für unsere gewählten Kennzahlen festlegen können. Wir sollten ein Budget festlegen, das mindestens so gut ist wie das derzeit beste in unserer Branche und uns idealerweise anstrengen, um es zu verbessern. Wenn das Beste in unserer Branche nahe am theoretischen Bestfall liegt, dann haben wir vielleicht nicht viel Spielraum für Verbesserungen, aber wenn zwischen diesen beiden Werten eine große Lücke klafft, dann haben wir die Möglichkeit, in unserer Branche neue Standards zu setzen. Wichtig ist, dass das Budget für jede Kennzahl ein Wert ist, von dem Sie überzeugt sind, dass er erreichbar ist. Auf diese Weise stellen wir sicher, dass wir auch Erfolg haben können.
- **Setzen Sie sich ambitionierte Ziele.** Während das Budget für jede Kennzahl eine harte Grenze setzt, von der Sie wissen, dass sie erreichbar ist und Sie sich verpflichten sie nicht zu überschreiten, ermutige ich Sie ehrgeiziger zu sein. Setzen Sie sich für jede Kennzahl ein Stretch Goal, von dem Sie wissen, dass es schwierig, aber theoretisch möglich sein wird. Dies hilft Ihnen nicht nur dabei, höhere Effizienzniveaus zu erreichen, sondern bietet Ihnen auch eine interessante Herausforderung.

Was ist der kleinstmögliche Fußabdruck, den eine Website haben kann und trotzdem funktional ist? Das Benchmarking von Webprojekten und das

Streben nach neuen Rekorden führt unweigerlich dazu, dass wir Produkte erstellen, die besser funktionieren. Mit Werkzeugen und Methoden zur Beurteilung können wir auf eine Zukunft hinarbeiten, in der Nachhaltigkeit ein Standardziel eines jeden Webdesign-Projekts ist.

Das verkörperte CO2 von digitalen Projekten

Wir haben gesehen, wie digitale Produkte und Dienstleistungen durch ihren Stromverbrauch CO2-Emissionen erzeugen, aber das ist nicht die einzige Auswirkung die wir als Web-Profis durch unsere Arbeit erzeugen. Wir produzieren auch Emissionen durch das Tagesgeschäft.

In der Welt der physischen Produkte gibt es einen Begriff für das CO2 das bei der Herstellung des Produkts und seiner Lieferung an den Kunden ausgestoßen wird: *Embodied Carbon*. Er umfasst die Energie, die für die Produktion der Materialien, die Herstellung des Produkts, die Verpackung und den Transport verwendet wird. Ein einfaches iPhone 11 (das 194 Gramm wiegt) hat zum Beispiel einen CO2-Fußabdruck von 72 kg CO2 über seine gesamte Lebensdauer. Allerdings fallen nur 17 Prozent der CO2-Emissionen an, wenn das Telefon vom Endnutzer verwendet wird. Die restlichen 83 Prozent der Gesamtemissionen sind das verkörperte CO2 aus Herstellung, Transport und Entsorgung (http://bkaprt.com/swd/02-08/, PDF). Dies unterstreicht, wie wichtig es ist, das verkörperten CO2 zu betrachten und nicht nur die Emissionen eines Produkts im Gebrauch.

In der Welt der digitalen Produkte und Dienstleistungen müssen wir weder Stahl schmieden, Kunststoff formen oder Papier mahlen, noch müssen wir unsere Webseiten in Container packen und von einer Fabrik zu unseren Kunden verschicken. Aber das bedeutet nicht, dass unsere Web-Produkte keine "embodied carbon" haben. Das verkörperte CO2 einer Website kommt von allem, was wir bei unserer täglichen Arbeit tun - unsere Computer, unsere Beleuchtung, unsere Heizung, unsere Klimaanlage, unser Weg ins Büro, unsere Reisen zu unseren Kunden und ja, auch die endlosen Tassen Tee und Kaffee.

Die Frage ist, was eine größere Auswirkung hat - die Emissionen unserer digitalen Produkte oder der verkörperte Kohlenstoff, der durch unsere tägliche Arbeit entsteht?

Emissionsszenarien

Schauen wir uns einige Beispielszenarien an, um die Auswirkungen verschiedener Arten von digitalen Projekten im Verhältnis zu den Emissionen physischer Aktivitäten zu vergleichen (Abb. 2.6). Ich habe die jährlichen CO2-Emissionen für Webseiten mit niedriger, mittlerer und hoher CO2-Effizienz ins Verhältnis mit jeweils niedrigem, mittlerem und hohem Traffic (10.000, 100.000 bzw. eine Million Besucher pro Monat) gesetzt. Vergleichen wir jetzt diese Zahlen mit den Emissionen eines Hin- und Rückfluges von London nach Paris und von London nach San Francisco (unter Verwendung von Daten von carbonfootprint.com) sowie mit den jährlichen nicht-digitalen Emissionen durch unsere Aktivitäten bei Wholegrain Digital.

Was verursacht also die meisten Emissionen? Es ist klar, dass eine stark frequentierte, wenig CO2 effiziente Website einen sehr großen Einfluss haben kann - in diesem Fall übersteigt sie die Emissionen unseres Geschäftsbetriebs bei Wholegrain Digital. Wir können auch sehen, dass der Geschäftsbetrieb und ein Langstreckenflug einen erheblichen Einfluss haben.

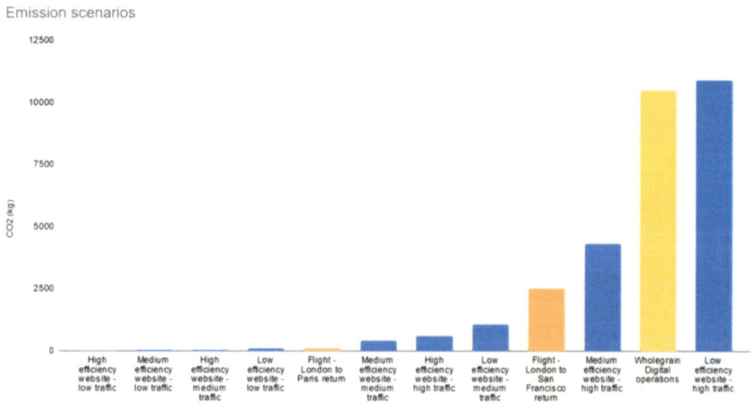

Abb. 2.6: Die Daten der Webseiten mit hoher und niedriger CO2-Effizienz stammen für diese Berechnungen von realen Webseiten (gtrailway.com bzw. thesun.co.uk), und das Beispiel mit mittlerer CO2-Effizienz stammt von durchschnittlichen Daten von HTTParchive.org.

Es zeigt sich aber auch, dass Webseiten mit hoher CO2-Effizienz, selbst bei hohem Traffic, relativ geringe Auswirkungen haben.

Für einige von uns können die digitalen Emissionen größerer ausfallen, als dieses Diagramm zeigt, z. B. wenn wir an der Erstellung und Pflege mehrerer Webseiten pro Jahr beteiligt sind. Gleichzeitig haben einige von uns vielleicht einen höheren CO2-Fußabdruck durch physische Emissionen, wenn sie geschäftlich viel fliegen. Sowohl die Emissionen unserer physischen Aktivitäten *als auch* die Emissionen unserer digitalen Projekte sind relevant. Wir können nicht das eine auswahlen und das andere ignorieren, als ob es keine Rolle spielen würde.

Bei der Betrachtung dieser Szenarien ist es wichtig zu beachten, dass der Traffic zwar einen großen Einfluss auf die digitalen Emissionen hat, wir aber oft Webseiten erstellen *wollen*, die viele Besucher anziehen. Daher ist das Streben nach CO2-Effizienz bei unseren Webseiten der wichtigste Faktor, der uns hilft, die digitalen Emissionen niedrig zu halten. Und das gilt nicht nur für ganze Webseiten. Das Gleiche gilt, wenn Sie Code erstellen oder Vorlagen entwerfen, die von vielen anderen Webseiten verwendet werden.

So analysierte der Entwickler Danny van Kooten die CO2-Emissionen mehrerer von ihm erstellter WordPress-Plugins und fand heraus, dass das Entfernen einer 20 KB großen JavaScript-Abhängigkeit aus dem Mailchimp for WordPress-Plugin - das auf zwei Millionen Websites installiert ist - die Emissionen um 708 Tonnen pro Jahr reduzieren würde (Abb. 2.7) (http://bkaprt.com/swd/02-09/). Er kam zu dem Schluss, dass es zwar gut ist, seinen CO2-Fußabdruck in allen Aspekten seines Lebens zu reduzieren, dass aber die Optimierung seiner digitalen Produkte bei weitem der beste Weg war, um den Klimawandel zu bekämpfen.

Wir alle haben unterschiedliche Arbeitsverhältnisse und arbeiten an verschiedenen Arten von Projekten, daher ist es wichtig das Gesamtbild unserer CO2-Emissionen zu betrachten und zu erkennen, wo wir etwas bewirken können. Tools wie Carbon Footprint machen es einfacher, die Emissionen aus unseren Reisen und unserem Energieverbrauch abzuschätzen, die wir dann unseren digitalen Emissionen gegenüberstellen können, um fundierte Entscheidungen darüber zu treffen, an welcher Stellen wir den größten positiven Effekt erzielen können (http://bkaprt.com/swd/02-10/).

Definition von gut

Wenn wir gute Arbeit leisten wollen, dann müssen wir wissen, was "gut" im Kontext von nachhaltigem Webdesign bedeutet. Im weitesten Sinne *ist* nachhaltiges Design gutes Design, aber wir müssen eine Möglichkeit haben Nachhaltigkeit zu *messen,* um greifbare Fortschritte zu machen. Wenn wir Metriken und Tools verwenden, um die Umweltauswirkungen unserer

Webprojekte und des täglichen Betriebs zu quantifizieren, dann können wir die daraus resultierenden Auswirkungen verstehen und eine Vorstellung davon entwickeln, wie "gut" aussieht. Wie wir bei Roger Bannisters Vier-Minuten-Meile gesehen haben, inspiriert uns das Benchmarking der Leistung dazu, die Dinge besser zu machen und das zu erreichen, was vorher als unmöglich galt. Wenn wir Umwelt-Benchmarking in unsere Web-Projekte einbeziehen, dann können wir uns Ziele setzen, die uns dazu anspornen kontinuierlich besser zu werden.

3. GESTALTUNG VON CO2-ARMEN WEBSEITEN

Ein häufiges Problem bei Web-Projekten, vor allem wenn es viele Beteiligte gibt, ist, dass wir am Ende viel mehr einbeziehen als notwendig ist, da wir Angst haben, etwas wegzulassen.

Wir haben Angst, eine Gelegenheit zu verpassen. Wir haben Angst, den Benutzer zu verärgern oder zu frustrieren. In vielen Fällen haben wir Angst, nein zu den Kollegen sagen zu müssen, die die Idee überhaupt erst vorgeschlagen haben. Einen minimalistischen Ansatz zu implementieren ist schwer. Es erfordert ein gewisses Maß an Rücksichtslosigkeit, Dinge herauszuschneiden und Nein zu Ideen zu sagen, die nicht zu rechtfertigen sind. Es verlangt von uns, nicht jeder Idee und jedem Inhalt den Vorteil des Zweifels zu gewähren, sondern stattdessen zu sagen: "Im Zweifelsfall lassen wir es weg."

Unsere Internetverbindungen werden immer schneller und billiger, was das Problem noch verschlimmert, da wir Webdesigner immer selbstgefälliger werden, wenn es darum geht Effizienz zu berücksichtigen. Es ist wie beim Packen für den Urlaub; wenn ich mit dem Zug fahre, wäge ich bei jedem Gegenstand, den ich mitnehme, ab, da ich weiß, dass ich ihn tragen muss - aber wenn ich mit dem Auto fahre? Ich werfe einfach alles hinein. Nicht, weil ich es brauche, sondern da es einfach ist, selbstgefällig zu sein. *Yoga-Matte? Extra Schuhe? Smoothie-Maker? Klar, schmeißt alles rein!*

Wir haben Webseiten mit der Denkweise von jemandem entworfen, der für einen Roadtrip im Familien-SUV packt, nicht für eine Rucksackreise mit dem Zug. Wir müssen unsere Perspektive ändern und uns auf die Effizienz konzentrieren, wenn wir ein nachhaltiges Web gestalten wollen.

Wenn wir Entscheidungen von Beginn des Webdesign-Prozesses unter Berücksichtigung der Nachhaltigkeit betrachten, wird das den Anspruch erhöhen und uns zur Findung neuer Ideen anspornen. Wir müssen die Existenz jedes Elements rechtfertigen und fragen nicht mehr: "Wäre es schön, dies hinzuzufügen?", sondern stattdessen: "Können wir ohne es leben?" Es erfordert die Bewertung jedes Details einer Designlösung, von Bildern über Text bis hin zu Seiten und Inhalten. Es ist Minimalismus in seiner reinsten Form.

Minimalistisches Webdesign bedeutet nicht, dass unsere Designs kahl und nackt sein müssen. Es bedeutet einfach, dass wir die Existenz jedes

Details in der Arbeit, die wir produzieren, rechtfertigen sollten. Wir wollen dem "Nichts" so nahe wie möglich kommen und dem Benutzer trotzdem ein positives, intuitives und nützliches Erlebnis bieten. Die Google-Homepage ist ein großartiges Beispiel dafür, da sie sich darauf konzentriert, die Kernfunktionalität auf die einfachste Art und Weise bereitzustellen (Abb. 3.1).

Abb. 3.1: Die Google-Startseite ist ein großartiges Beispiel für Webdesign, welches dem "Nichts" so nahe wie möglich kommt.

Es mag schwierig sein, aber wenn wir den Mut haben, einen "Weniger-ist-mehr"-Ansatz zu verfolgen, reichen die positiven Aspekte weit über den reduzierten ökologischen Fußabdruck hinaus. Wir schaffen Online-Erlebnisse, die schneller laden, bei schwachen Verbindungen leichter zugänglich sind, schneller entwickelt werden können und eine schlankere und intuitivere User Journey bieten. Wir müssen aufhören, FOMO (Fear of missing out, die Angst, im digitalen Kontext etwas zu verpassen; Anm. d. Übers.) als Leitprinzip des Webdesigns zu verwenden und uns stattdessen die Idee zu eigen machen, dass in einer Welt der Informationsflut es uns unsere Benutzer danken werden, wenn wir überflüssige Dinge weglassen.

Lassen Sie uns mit diesem Gedanken im Hinterkopf einige der Schlüsselelemente des digitalen Designs betrachten, um zu verstehen, wie ein nachhaltiger Designansatz großartige Ergebnisse für die Menschen und den Planeten liefert.

Vereinfachen Sie das Benutzererlebnis

Informationsarchitekten und User-Experience-Designer haben erheblichen Einfluss auf die Umweltauswirkungen einer Webseite. Selbst wenn die Nachhaltigkeit in allen nachfolgenden Phasen des Projekts komplett ignoriert wird, was zu aufgeblähten Designs, ineffizientem Code und umweltschädlichem Hosting führt, können eine gute Informationsarchitcktur (IA) und User Experience (UX) die Auswirkungen dieser späteren Entscheidungen begrenzen. Je weniger auf Nachhaltigkeit in späteren Phasen eines Webprojekts geachtet wird, desto wichtiger ist es, Ineffizienz von Anfang an zu vermeiden.

Lassen Sie uns einen Blick auf einige der Möglichkeiten werfen, wie gute IA und UX zur Verbesserung der Nachhaltigkeit beitragen können.

Reduzieren Sie unnötige Seitenaufrufe

Wir haben in Kapitel 2 gesehen, dass die Datenübertragung eng mit dem Energieverbrauch korreliert. Je mehr Daten der Benutzer lädt, desto mehr Strom wird benötigt, um ihm diese Informationen zu liefern und desto mehr CO2 wird in die Atmosphäre ausgestoßen.

Die Menge der übertragenen Daten wird im Wesentlichen durch drei Dinge bestimmt: die Größe jeder Seite, die Anzahl der Personen, die die Website besuchen und die Anzahl der Seiten, die jede Person auf ihrem Weg durch Ihre Website besucht. Es ist dieser letzte Punkt, bei dem IA und UX-Design den größten Einfluss haben können.

Mit einer durchschnittlichen Webseite, die fast 2 MB groß ist, verbraucht jedes Laden einer Seite eine Menge Daten und damit auch eine beträchtliche Menge an Strom (http://bkaprt.com/swd/01-06/). Jeder Schritt in einer User Journey hat einen spürbaren Einfluss auf die Umweltbelastung und gutes strukturelles Design hilft, diese zu reduzieren. Denken Sie an ein hypothetisches Beispiel. Wenn ein Webseiten-Benutzer normalerweise drei Seiten auf seiner User Journey besuchen würde, Sie die Webseite aber so umgestalten, dass er die benötigten Informationen auf nur zwei Seiten abrufen kann, würden Sie den CO2-Fußabdruck seines Besuchs erheblich reduzieren.

Darüber hinaus reduziert eine gute IA und UX den Aufwand für den Benutzer und verringert damit die Zeit, die er braucht, um sein Ziel zu erreichen, sei es, um eine Information zu finden, sich für eine Veranstaltung anzumelden oder neue Schuhe zu kaufen. Je länger ein Nutzer auf einer Webseite verweilt, desto mehr Strom verbraucht sein Gerät. Die Reduzierung der verschwendeten Zeit durch klar strukturierte Informationen hilft Emissionen zu reduzieren und ein besseres Erlebnis für den Besucher zu schaffen.

Die spezifischen Lösungen werden von Fall zu Fall variieren, aber hier sind ein paar allgemeine Dinge, auf die Sie achten sollten und die einen erheblichen Einfluss auf den Energieverbrauch haben.

Lange User Journeys

Stellen Sie fest, ob es irgendwelche langen User Journeys gibt, die von Ihren Usern üblicherweise durchlaufen werden. Schauen Sie sich an, wo sie beginnen, enden und welche Stationen sie durchlaufen. Sind die Zwischenstufen wirklich nützliche Schritte auf der Reise, oder zwingen Sie die Benutzer, diese Seiten zu durchlaufen, um zu dem zu gelangen, was sie wirklich wollen?

Abb. 3.2: Das Navigationsmenü von John Lewis verzichtet auf die mittlere Navigationsebene und bietet dem Nutzer lediglich die vollständige Liste der Unterkategorien im Dropdown an.

Gateway-Seiten sind oft schuld daran. Wenn Sie wissen, dass Sie zum Beispiel auf einer Möbel-Webseite nach einem kleinen Regal suchen, müssen Sie dann wirklich eine zwischengeschaltete Landing Page besuchen, die inszenierten Fotos von Regal-Lösungen gewidmet ist? Wahrscheinlicher ist, dass Sie einfach den Katalog der tatsächlich verfügbaren Regale durchstöbern wollen. Die britische Einzelhandelskette John Lewis & Partners löst diese Ineffizienz mit einer Webseite, die alle spezifischen Unterkategorien im Dropdown-Menü anbietet, wenn der Benutzer mit der Maus über seine bevorzugte Oberkategorie fährt (Abb. 3.2).

Das Erlebnis ist intuitiv und führt den Benutzer schnell zu seinem Ziel, ohne dass Zwischenseiten nötig sind. Außerdem gibt es ein auffälliges Feld für die Produktsuche, damit die Nutzer direkt zu dem Produkt gelangen, das sie suchen.

Yoyo User Journeys

Eine weitere Quelle für unnötige Seitenaufrufe ist die Yoyo User Journey, bei der ein Benutzer immer wieder eine Seite aufruft und sie wieder verlässt - häufig die Startseite. Wenn Sie dieses Muster sehen, fragen Sie sich, warum sie immer wieder dorthin gehen. Verirren sie sich und die Startseite ist der einzige Ort, der eine angemessene Orientierung bietet? Vielleicht lässt sich dieses Verhalten eindämmen, indem Sie das Navigationsdesign so verbessern, dass es den Benutzern leichtfällt, zwischen verschiedenen Bereichen der Website zu wechseln, ohne zur Startseite zurückzukehren.

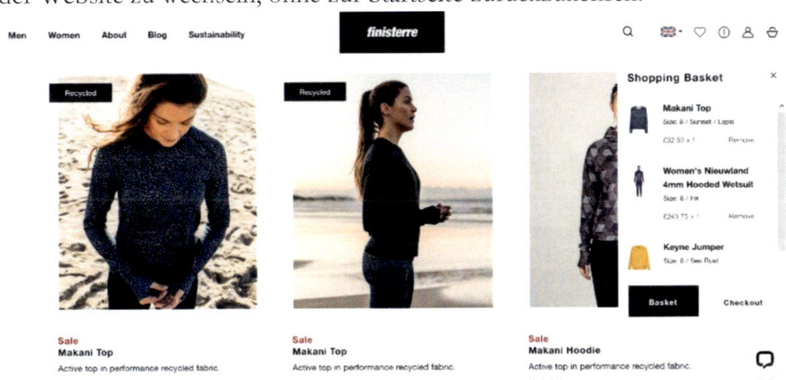

Abb. 3.3: Der Finisterre-Warenkorb erscheint auf der rechten Seite des Bildschirms als Overlay, wodurch eine separate Warenkorbseite überflüssig wird.

Ein weiteres Beispiel findet sich häufig auf E-Commerce-Webseiten, wenn Benutzer während ihres Besuchs auf der Webseite mehrmals den Warenkorb aufrufen. Es kann sein, dass der Benutzer wissen will, was er in seinen Warenkorb gelegt hat, oder er möchte die Gesamtkosten für das sehen, was er bereits hinzugefügt hat. Dies ist eine wichtige Anforderung für den Benutzer und wir wollen es ihm so einfach wie möglich machen. Finisterre löst dies hervorragend mit einer Warenkorb-Registerkarte, die auf der rechten Seite des Bildschirms eingeblendet wird (Abb. 3.3).

Es gibt keine separate Warenkorbseite, da alle Inhalte und Funktionen, die Sie erwarten würden in dieser hübschen kleinen Box enthalten sind. Dies verbessert auch die Benutzererfahrung, indem es dem Käufer erlaubt, seine Reise durch die Webseite nahtlos fortzusetzen, ohne die aktuelle Unterseite zu verlassen, wenn er den Warenkorb überprüft.

Wenn Benutzer dieselbe Seite mehrmals besuchen, wird die Menge der geladenen Daten bei wiederholten Besuchen deutlich reduziert. Daher sind die Umweltauswirkungen von Yoyoing-Besuchern nicht so groß wie bei anderen unnötigen User Journeys, aber sie haben dennoch eine Auswirkung und ein Design zur Beseitigung dieser Auswirkungen kann auch eine bessere Benutzererfahrung liefern.

Verschlanken Sie den Inhalt

Amy Drayer ist eine Benutzeroberflächenentwicklerin für die Bibliotheken der Universität von Minnesota. Als das UML-Team (UML steht hier für University of Minnesota Library; Anm. d. Übers.) kam, um die Webseite der Health Sciences Libraries (HSL) von Drupal 7 auf Drupal 8 zu migrieren, nutzten sie die Gelegenheit, um ein Redesign durchzuführen (http://bkaprt.com/swd/03-01/). Drayer erzählte mir, dass sie über eine Art "Manifest" für Web-Designer und -Entwickler nachgedacht hatte, was am Ende dem HSL-Team neue Möglichkeiten eröffnete: zu erforschen, wie sie die Webseite *ethisch* aufbauen könnten.

Dies bedeutete, dass die Zugänglichkeit im Vordergrund stand, aber auch, dass die Nachhaltigkeit optimiert wurde. Diese ethische Sichtweise half ihnen, ihren Inhalt auf Basis einer neuen Reihe von Designrichtlinien zu verschlanken, was die Anzahl der Wörter auf jeder Seite drastisch reduzierte und die Seitenzahl von über dreihundert auf weniger als siebzig verringerte - eine Reduzierung von etwa 75 Prozent! Drayer sagte, das fertige Produkt sei nicht nur energieeffizienter, sondern auch die zugänglichste Website, die sie je erstellt habe.

Im vorigen Kapitel haben wir gesehen, dass eine Quelle der Stromverschwendung bei Webseiten die Speicherung von Daten ist, die nicht mehr benötigt werden. Wenn Webseiten mit der Zeit wachsen, ist es nicht ungewöhnlich, dass sich die Inhalte vervielfachen. Es liegt in der menschlichen Natur, dass wir weitaus motivierter sind neue Inhalte zu erstellen, als alte

Inhalte zu entrümpeln, so wie wir auch begeisterter sind, neue Dinge zu kaufen, als unsere Schränke auszumisten.

Aber diese alten Inhalte verstauben nicht nur, sie belasten auch die Umwelt, indem sie Festplatten füllen, die rund um die Uhr Strom verbrauchen und sie belasten die Besucher, indem sie unsere Webseite aufblahen, unhandlich und unübersichtlich machen.

Das Problem ist, dass Content-Pläne in der Regel während der Erstellung einer neuen Webseite erstellt werden und allzu oft in Vergessenheit geraten, sobald die Aufregung um den Start der neuen Webseite vorbei ist. Aber nur weil wir es vergessen, bedeutet das nicht, dass der Content-Plan weniger wichtig ist. Wir müssen immer wieder zu ihm zurückkehren und ihn im Zusammenhang mit den sich ändernden Bedürfnissen unserer Benutzer überprüfen.

Woher wissen Sie, welche Seiten die Bedürfnisse Ihrer Benutzer nicht erfüllen? Eine Metrik, die dabei helfen kann Licht ins Dunkel zu bringen ist die *Absprungrate*.

Absprungrate: Erfüllen Sie die Erwartungen der Benutzer?

Wenn Personen von einer externen Quelle auf eine Webseite kommen und diese verlassen, ohne weitere Seiten zu besuchen, dann sprechen wir von einem *Bounce (Absprung; Anm. d. Übers.)*. Obwohl eine hohe Absprungrate im Allgemeinen als etwas Schlechtes angesehen wird, kommt es sehr stark auf das Motiv des Nutzers für den Absprung an. Eine hohe Absprungrate kann gut sein, wenn sie bedeutet, dass der Benutzer auf der ersten Seite, die er besucht hat, schnell genau das gefunden hat, wonach er gesucht hat und daher nicht das Bedürfnis hatte weitere Seiten zu laden. Dies bedeutet eine mühelose und zufriedenstellende Erfahrung für den Benutzer und es ist ein Gewinn für die Umwelt, weil es bedeutet, dass nicht unnötig zusätzliche Seiten geladen werden.

Auf der anderen Seite, wenn Leute von Ihrer Webseite abspringen, weil ihnen nicht gefällt, was sie sehen oder nicht das finden, was sie sich erhofft haben, bedeutet das, dass die Seite dem Benutzer nicht dienen konnte.

In einem Vortrag bei Wholegrain Digital vergleicht der Tech-Kreative und STRADT-Berater Brendan Roche diese Art von Absprungrate mit etwas, das in der Fischereiindustrie *Beifang* genannt wird (http://bkaprt.com/swd/03-02/). Beifang entsteht, wenn ein Fischtrawler eine Menge Fisch fängt die kommerziell nicht wertvoll sind und die dann oft tot ins Meer zurückgeworfen werden, einfach weil die Fischernetze keine

Möglichkeit haben zu unterscheiden, welche Fische sie tatsächlich fangen. Das ist genauso verschwenderisch, wie das Laden einer Webseite, die Sie eigentlich gar nicht besuchen wollen.

Aus diesem Grund kann eine hohe Absprungrate auf mindestens eines den folgenden Problemen hinweisen:

- Unsere Inhalte sind so strukturiert, dass sie Nutzer anziehen, die nach etwas anderem suchen. Das bedeutet, dass wir unsere Inhalte umstrukturieren müssen, um sicherzustellen, dass sowohl Menschen als auch Suchmaschinen wissen, was wir zu bieten haben.
- Wir locken die richtigen Nutzer auf unsere Webseite, aber wenn sie ankommen sehen sie nicht was sie erwartet haben zu finden. Die gesuchte Information ist zwar irgendwo vorhanden, aber die Benutzererfahrung, die wir den Usern präsentieren, versteckt die Schlüsselinformationen, die diese suchen und so verlassen sie die Seite wieder.
- Der Inhalt wird so langsam geladen, dass die Benutzer frustriert sind und die Seite verlassen, bevor sie vollständig geladen ist.

Der Punkt ist, dass die Absprungrate nicht von Natur aus gut oder schlecht ist - es hängt alles davon ab, warum die Leute abspringen. Gute IA- und gutes UX-Design stellen sicher, dass Besucher, die von unserer Webseite abspringen, dies aus den richtigen Gründen tun. Wenn wir uns auf die Bedürfnisse unserer Nutzer konzentrieren und das was sie wollen in einer klaren, einfachen und intuitiven Struktur liefern, sparen wir ihnen Zeit und reduzieren die Anzahl der Seiten, die sie besuchen müssen.

Wir sollten einen ganzheitlichen Content-Management-Prozess einführen, bei dem wir überflüssige Inhalte ausmustern, während wir neue Inhalte erstellen und die Informationsarchitektur und die Benutzererfahrung regelmäßig überprüfen, um sicherzustellen, dass sie immer noch in reibungslosen User Journeys zusammenlaufen. Wir könnten dies tun, indem wir regelmäßige Content-Audits und Zeit für die Content-Pflege einplanen, genau wie wir es für die technische Wartung unserer Webseiten tun.

Schlanke Bildsprache

Wenn Sie sich bei der Gestaltung von Webseiten für die Nachhaltigkeit nur auf eine Sache konzentrieren können, dann ist die effizientere Nutzung von Bildern die beste Wahl. Verstehen Sie mich nicht falsch, bei der Gestaltung von Websites können Bilder entscheidend sein, um eine Geschichte zu erzählen und einen starken visuellen Eindruck zu hinterlassen, aber sie sind auf den meisten Webseiten einer der größten Verursacher von CO2-Emissionen.

Laut HTTP Archive liegt die durchschnittliche Anzahl von Bildern auf einer Webseite bei etwa dreißig, mit einer Gesamtübertragungsgröße von 1 MB - das entspricht einhundertfünfzigtausend Wörtern lorem ipsum in einer HTML-Datei (http://bkaprt.com/swd/03-03/). Diese wäre mehr als viermal so lang wie dieses Buch! Selbst wenn ein Bild mehr als tausend Worte sagt, ist es immer noch weit weniger effizient als Text.

Wir müssen daher sorgfältig über unsere Verwendung von Bildern im Web nachdenken. Wie bei allem, müssen wir uns zunächst fragen, welchen Wert jedes Bild in unseren Designs tatsächlich bringt. Hilft es dem Benutzer, etwas zu verstehen oder ist es entscheidend, um das Benutzererlebnis angenehm zu gestalten? Oft lautet die Antwort ja, aber im Fall von Stockfotografie lautet die Antwort wahrscheinlich eher nein. Was hat der Benutzer wirklich von dem Foto eines Teams von Mittzwanzigern, die mit ihren Fingern auf eine gestellte Grafik zeigen?

Dateigröße

Wenn wir Bilder verwenden müssen, können wir die Dateigröße reduzieren, indem wir die effizientesten Dateiformate und Komprimierungswerkzeuge verwenden, um sie zu optimieren.

- In der Regel ist WEBP das effizienteste Format für Fotos. Die Dateien sind in der Regel etwa 30 Prozent kleiner als JPEG (http://bkaprt.com/swd/03-04/).
- AVIF, ein neueres Bildformat, ist in Bezug auf die Browserkompatibilität schnell auf dem Vormarsch und kann weniger als die Hälfte der Größe von WEBP (http://bkaprt.com/swd/03-05/) betragen.
- PNG oder GIF sind in der Regel die effizientesten Formate für einfache Bilder, die nur wenige Blockfarben verwenden, wie z. B. Icons und Logos.
- Bei Videos ist MP4 in der Regel effizienter und liefert kleinere Dateien als animierte GIF-Dateien und bietet außerdem eine bessere Zugänglichkeit mit Funktionen wie Audiodeskriptionsspuren und Untertiteln.

Selbst wenn Sie das am besten geeignete Dateiformat verwendet haben, ist die Bild- oder Videodatei wahrscheinlich größer als sie sein muss. Bildkomprimierungstools wie Shortpixel, TinyPNG und ImageOptim minimieren die Dateigrößen ohne unerwünschte Verschlechterung der Bildqualität (Abb. 3.4). Viele dieser Tools bieten Möglichkeiten, sie in Ihre Webseite zu integrieren, so dass alle Bilder automatisch optimiert werden, was Ihnen Zeit spart, menschliche Fehler reduziert und auch alle automatisch generierten Bilder (z. B. Miniaturansichten) innerhalb Ihrer Webseite komprimiert.

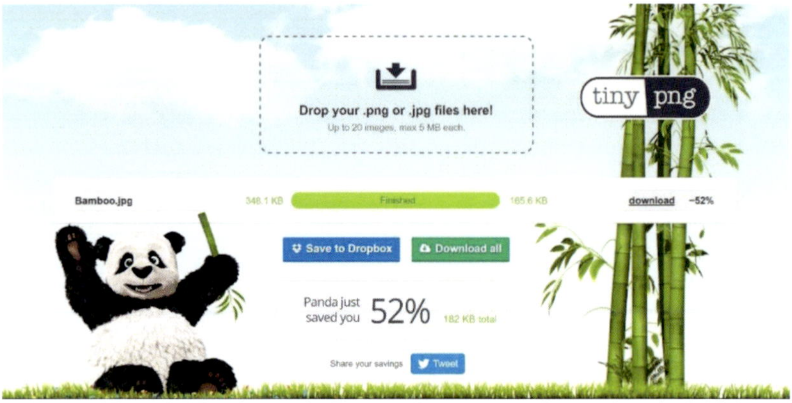

Abb. 3.4: Tiny PNG reduziert die Dateigröße mit minimalem Aufwand erheblich, und es hat einen niedlichen Panda. Was gibt es da nicht zu mögen?

Sie können die Größe von PNG-Dateien sogar noch weiter reduzieren, wenn Sie sich die Zeit nehmen sie von Hand zu optimieren, bevor Sie sie durch ein Komprimierungswerkzeug laufen lassen. Es gibt über 16 Millionen Farbkanäle in 24-Bit-PNG-Dateien, die alle in der Datei vorhanden sind, auch wenn die meisten dieser Farben nicht verwendet werden. Mit Tools wie ImageAlpha können Sie datenreduzierende Komprimierung anwenden und 24-Bit-PNG-Dateien in effizientere PNG-8-Dateien konvertieren, die nur die benötigten Farbkanäle enthalten. Wenn Sie eine PNG-Datei für ein Logo oder ein Icon verwenden, das nur wenige Blockfarben verwendet, wird die Dateigröße dadurch drastisch reduziert, ohne dass ein sichtbarer Unterschied zu erkennen ist. Wenn Ihr Bild mehr Farben hat, als in einer PNG-8-Datei dargestellt werden können, dann sind Sie in der Praxis fast immer besser beraten, ein JPEG- oder WEBP-Format zu verwenden.

Ein weiterer, zu berücksichtigender Faktor ist die Größe, in der das Bild angezeigt wird. Es ist unglaublich, wie oft Bilder, die als winzige Thumbnails auf der Seite angezeigt werden, tatsächlich als Dateien geladen werden, die groß genug sind, um einen ganzen Bildschirm zu füllen. Die Größe von

Bilddateien folgt in etwa dem mathematischen Verhalten von Quadraten, d. h., wenn Sie die Breite und Höhe verdoppeln, verdoppelt sich die Dateigröße. Daher hat das Laden unnötig großer Bilder einen unverhältnismäßig großen Effekt.

Im responsiven Web werden Bilder auf verschiedenen Geräten in unterschiedlichen Größen angezeigt. Anstatt also jedes Bild in der exakten Größe hochzuladen, in der es angezeigt werden soll, generieren wir mehrere Versionen, die zu verschiedenen Layouts passen. Wir können dann die Attribute srcset und sizes im responsive Markup verwenden, um den Browsern mitzuteilen, welches Bild geladen werden soll. Dies kann zu erheblichen Einsparungen bei der Datenübertragung führen, aber die Frage wie viele verschiedene Variationen berücksichtigt werden sollen bleibt bestehen, da jede, die wir als Option anbieten, ein weiteres Bild ist, das auf einem Server gespeichert werden muss, was wiederum Energie und Hardware verbraucht.

Die einfachste Herangehensweise besteht darin, die gängigsten Viewport-Größen die Ihre Benutzer benötigen bestmöglich abzuschätzen, wodurch die browser-seitige Größenanpassung minimiert werden sollte. Es gibt keine perfekte Lösung für die Konfiguration für Responsive Image Sizing, um den Energieverbrauch zu reduzieren, aber wenn Sie die vorhandenen Tools optimal nutzen, kommen Sie schon sehr weit.

Unschärfen in Bildern nutzen

Die Bildgröße hängt stark vom Detailgrad ab, so dass einfache, klare Bilder ohne viele komplizierte Details kleinere Bildgrößen liefern. Insbesondere bei JPEG-Bildern kann die Nutzung von Unschärfen in Bildern dazu beitragen, die Dateigröße zu verringern, da es die Unterschiede zwischen den einzelnen Pixeln reduziert. Natürlich wollen wir das Hauptmotiv unserer Bilder nicht unscharf machen, aber durch die Verwendung einer geringen Schärfentiefe beim Fotografieren oder durch das unscharf machen der Bildränder bei der Bearbeitung, bevor wir sie auf unsere Websites hochladen, können wir die Bilder deutlich verkleinern.

Una Kravets hat mich in ihrem Vortrag "The Joy of Optimizing Images" umgehauen, als sie demonstrierte, wie ein Foto einer Bergkette durch unscharf machen des Vordergrunds fast um die Hälfte verkleinert werden kann, ohne dass der Betrachter einen Unterschied bemerkt (http://bkaprt.com/swd/03-06/). Das Gleiche habe ich mit einem Foto eines Pferdes gemacht, wodurch sich die Bildgröße ebenfalls etwa halbiert hat (Abb. 3.5).

Abb. 3.5: Das Foto auf der rechten Seite ist 47 Prozent kleiner als das auf der linken Seite, einfach weil die Ränder unscharf sind.

Vektor-Grafiken

Wir sollten uns auch fragen, ob wir die gleiche oder eine größere Wirkung mit anderen Formen des Stylings erzielen können, anstatt uns auf Fotos zu stützen. Können wir zum Beispiel mit CSS-Styles ein Ambiente und ein starkes Markenerlebnis schaffen? Können wir leichtgewichtige SVG-Vektordateien verwenden, um Ideen zu illustrieren? Wo immer wir Bilder verwenden, sollten wir uns selbst herausfordern, uns vorzustellen, welche Alternativen es gibt.

Abb. 3.6: Die Kinderrechts-Webseite rights4children.org.uk_verwendet SVG-Vektorsymbole und Vektor-Hintergrundformen, um bei kleinen Dateigrößen visuelles Interesse zu erzeugen.

Als wir die Website für die Kinderhilfsorganisation Rights4Children entwarfen, mussten wir sicherstellen, dass die Inhalte für die Kinder, für die sie gemacht ist, visuell ansprechend sind und mit minimalem Datenverbrauch aufgerufen werden können, da diese Kinder in institutioneller Betreuung leben und nur begrenzten Zugang zum Internet haben. Wir verwendeten bunte Vektorillustrationen, um die perfekte Balance zwischen visuellem Interesse und Effizienz zu finden (Abb. 3.6).

Die Bekleidungsmarke Organic Basics nutzt ebenfalls Vektorgrafiken mit großem Effekt. Sie haben eine "Low-Impact"-Version ihrer Website erstellt, die die Nutzer anstelle der regulären Version besuchen können (Abb. 3.7). Auf der Low-Impact-Website wurden alle typischen Modefotos durch Vektorillustrationen der Kleidungsstücke ersetzt. Es ist eine radikale Idee, aber sie funktioniert, ist schön, funktional und siebeneinhalb Mal weniger datenintensiv als ihre Standard-Website (http://bkaprt.com/swd/03-07/).

Abb. 3.7: Die Low-Impact-Website von Organic Basics setzt auf die einfache Idee, dass ein T-Shirt einfach nur ein T-Shirt ist. Was müssen Sie noch wissen?

Sie können Vektordateien auch manuell optimieren, bevor Sie sie auf eine Website hochladen. Mit einer Vektorbearbeitungssoftware wie Adobe Illustrator können Sie alle nicht verwendeten Gruppen und Ebenen in der Datei löschen und Formen vereinfachen, indem Sie alle unnötigen Ankerpunkte auf Pfaden entfernen. SVGs können auch in einem Code-Editor bearbeitet werden, wenn auch ohne die visuelle Benutzeroberfläche. Wenn es etwas gibt, das Sie löschen können, ohne das Aussehen des Bildes merklich zu verändern, dann haben Sie die Möglichkeit, die Datei kleiner zu machen. In unserem Team haben wir festgestellt, dass wir die Größe von Vektordateien um bis zu 85 Prozent reduzieren können, ohne dass es jemand merkt, wenn wir zuerst manuelle Optimierungen vornehmen und *dann* die SVG-Datei mit einem Tool wie ImageOptim komprimieren.

Abstände

Wenn wir uns für die Verwendung von Bilddateien wie z. B. Fotos entscheiden, haben wir noch eine große Chance die Effizienz einfach durch sorgfältige Größenbestimmung zu verbessern. Selbst eine kleine Verringerung von Breite und Höhe kann die Dateigröße erheblich beeinflussen, ohne dass die visuelle Wirkung beeinträchtigt wird. Das Umfassen mit Rändern und das Einrahmen mit etwas Platz darum herum kann ein Bild für den Benutzer tatsächlich eindrucksvoller machen und gleichzeitig die Größe der Bilddatei selbst reduzieren. Ein kluger Einsatz von Raum hilft dabei, Inhalte ansprechender und zugänglicher zu machen, indem er visuelle Unordnung reduziert und es unserem Verstand ermöglicht, Objekte einzeln zu verarbeiten. Leerraum kann großartig aussehen - und er ist kostenlos.

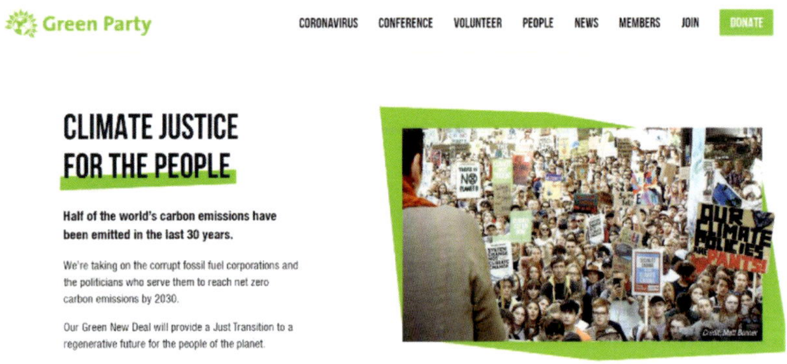

Abb. 3.8: Kleinere Bilder mit viel Platz lassen die kritischen Botschaften hervorstechen.

Die Kosten von Farbe

Farbe wirkt sich in mehrfacher Hinsicht auf den Energieverbrauch einer Website aus, da sie sich auf den Energieverbrauch des Bildschirms des Benutzers auswirken kann, aber auch auf die Datei-größe. Werfen wir einen Blick auf diese beiden Aspekte von Farbe.

Farbe und Bildschirmenergieverbrauch

Wenn Sie alt genug sind, um sich an CRT-Monitore zu erinnern, wissen Sie vielleicht auch noch, dass dunkle Webseiten eine der ersten Techniken waren, die zum Energiesparen eingesetzt wurden. Diese Idee verblasste schnell mit dem Aufkommen von LCD-Flachbildschirmen, die im Gegensatz zu CRT-Monitoren eine permanente Hintergrundbeleuchtung haben und unabhängig von der auf dem Bildschirm sichtbaren Farbe die gleiche Energie verbrauchen.

Die meisten modernen Smartphones und eine wachsende Anzahl anderer Geräte wie Laptops und Smart-TVs verwenden jetzt jedoch die OLED-Bildschirmtechnologie (*organische Leuchtdioden*), die jedes Pixel einzeln beleuchtet. Da jedes Pixel buchstäblich eine winzige LED ist, ist die Verwendung dunklerer Farben wieder eine praktikable Technik, um den Energieverbrauch von Endgeräten zu reduzieren. Google berichtete, dass der Bildschirm der größte einzelne Stromverbraucher bei seinen Smartphones ist und dass bei Geräten mit OLED-Displays dunklere Farben einen erheblichen Unterschied machen (http://bkaprt.com/swd/03-08/):

- Die Ausführung von Google Maps im Nachtmodus reduzierte die Leistungsaufnahme des Bildschirms um 63 Prozent.
- Schwarz ist die effizienteste Farbe für OLED-Bildschirme, da die Pixel ausgeschaltet sind, und Weiß die energieintensivste Farbe ist, wobei dunklere Farben im Allgemeinen weniger Energie verbrauchen.
- Auch die Farbe spielt eine Rolle: Blaue Pixel verbrauchen 25 Prozent mehr Energie als grüne oder rote.

Das ist nicht nur gut für die Umwelt, sondern hilft auch, die Akkulaufzeit für tragbare Geräte wie Telefone, Tablets und Laptops zu maximieren.

Wenn Sie als Designer etwas Freiheit bei der Festlegung der Farbpalette für Ihr Branding haben, sollten Sie versuchen, dunklere Designs mit weniger Blau zu erstellen. Als wir die Markenidentität von Wholegrain Digital aktualisierten, entfernten wir uns von unserer vorherigen Farbpalette, die überwiegend weiß mit Blau als Hauptakzentfarbe war und entwickelten eine dunklere, wärmere Palette, die nicht nur weniger Energie verbraucht, sondern auch unsere Marke besser repräsentiert (Abb. 3.9).

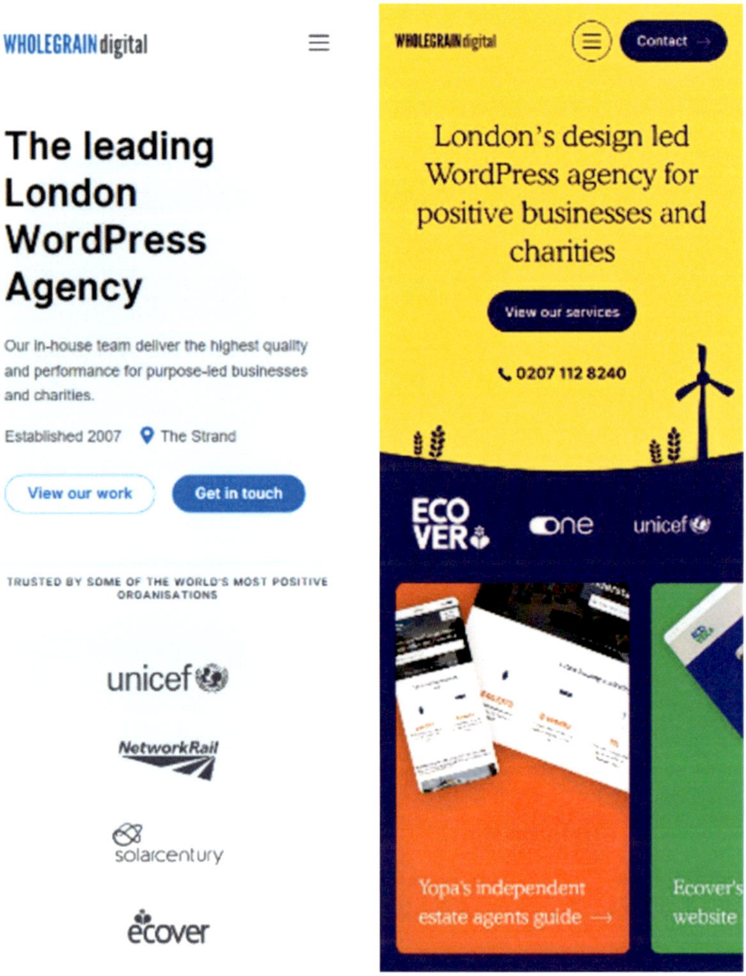

Abb. 3.9: Es war ein kleiner Facepalm-Moment, als ich feststellte, dass wir die energieintensivsten Markenfarben hatten (links). Wir gestalteten unsere Markenidentität neu, um nachhaltigere Farben zu verwenden und lebendiger zu wirken (rechts).

Farbe und Dateigröße

Die zweite Art und Weise, wie Farbe den Energieverbrauch einer Website beeinflusst, ist ihr Einfluss auf die Dateigröße von Bildern. Generell gilt: Je größer die Farbvariationen in einem Bild sind, desto größer ist die Datei. Die

Verwendung von Bildern mit geringerer Farbvariation ist eine weitere Möglichkeit, den Energieverbrauch einer Website zu senken.

Monochrome Bilder sind im Allgemeinen kleinere Dateien als Vollfarbbilder. Sie fragen sich vielleicht, ob ein Schwarz-Weiß-Bild mehr Energie verbraucht als eine farbige Version, weil es mehr Weiß enthält, das, wie wir gesehen haben, die energieintensivste Farbe auf OLED-Bildschirmen ist. Potenziell könnte dies zutreffen, aber es gibt eine Reihe von Gründen, warum Graustufen- oder Monochrombilder immer noch dazu neigen, Energie gegenüber Vollfarbbildern zu sparen. Erstens spart die Verringerung der Dateigröße Energie im gesamten Netzwerk - vom Rechenzentrum über das Übertragungsnetzwerk bis hin zu den Geräten aller Benutzer -, während die Auswirkungen des Bildschirmenergieverbrauchs nur für Endbenutzer mit OLED-Bildschirmen gelten. Zweitens können Graustufenbilder, obwohl sie theoretisch viel Weiß enthalten können, auch viel Schwarz enthalten, welches die am wenigsten energieintensivste Farbe ist, so dass sich die Bildschirmenergie bis zu einem gewissen Grad ausgleicht.

Abb. 3.10: Das Team der University of Minnesota Bio-Medical Library hat sich bewusst für die Verwendung von Schwarz-Weiß-Bildern entschieden, um die Dateigrößen auf ihrer Website zu reduzieren.

Amy Drayers ethisches Designsystem für die Bibliotheken der University of Minnesota führte nicht nur zu einer Überarbeitung der Webseiten-Inhalte, es durchdrang jede Entscheidung im Projekt, einschließlich der Farbe der Bilder. Drayer erzählte mir, dass die Verwendung von Schwarz-Weiß-Bildern auf der Webseite der größte Diskussionspunkt mit den Mitwirkenden war, aber sie hatte gute Unterstützung vom Team und sie trafen die Entscheidung, mutig zu sein und nur Graustufenbilder zu verwenden.

Dadurch wurden die Dateigrößen deutlich reduziert, was dazu beitrug, die Website nachhaltiger zu gestalten und die Web-Performance zu verbessern.

Wenn Schwarz-Weiß-Bilder nicht Ihr Ding sind, schließen Sie monochrome Bilder nicht gleich aus: monochrome Bilder müssen nicht schwarzweiß sein. Wir können kreativ werden und Farbe auf Graustufenbilder anwenden, entweder in unserer Fotobearbeitungssoftware oder im Browser mit CSS blend modes (Überblendungsmodi; Anm. d. Übers.). Dies erzeugt das Aussehen von Farbbildern, während kleinere Graustufendateien verwendet werden.

Die meisten Browser unterstützen Überblendungsmodi wie Farbüberlagerung, Raster und sogar Farbverläufe, aber wir sollten immer sicherstellen, dass wir progressive Optimierungen verwenden, damit das Originalbild auch für Benutzer angezeigt wird, deren Browser keine Überblendungsmodi unterstützen. Wir sollten auch bedenken, dass die Verwendung von CSS-Überblendungsmodi dazu führen kann, dass ein Gerät mehr Energie für die Berechnung eines Farbwechsels im laufenden Betrieb verbraucht; in einigen Fällen können wir feststellen, dass dies verglichen mit der Verwendung eines Farbbildes keine wirkliche Einsparung darstellt.

Indem Sie mit verschiedenen Überblendungsmodi experimentieren und die Auswirkungen auf den Energieverbrauch des Browsers prüfen (vgl. dazu Kapitel 2), können Sie Lösungen finden, die kleine Dateien verwenden und minimale Auswirkungen auf den Energieverbrauch des Browsers haben. Beachten Sie, dass die CPU-Auslastung für Überblend-Effekte zunimmt, wenn das Bild so skaliert wird, dass es einen größeren Teil des Bildschirms ausfüllt und dass sie daher mit der Bildgröße steigt. Wenn Sie mehrere Überblend-Effekte auf der gleichen Seite haben, kann dies zu einer sehr hohen CPU-Auslastung führen.

Bewusster Einsatz bewegter Elemente

Bewegung erweckt das Web zum Leben. Gut eingesetzt, hilft sie uns, bessere Benutzererlebnisse zu schaffen und Informationen effektiver zu kommunizieren, aber die Vorteile sind nicht inhärent. Falsch eingesetzt, kann Bewegung die Benutzer verwirren und desorientieren, Informationen weniger zugänglich machen und viel Energie verbrauchen. Das ist nicht nur ein Umweltproblem, sondern kann bei Benutzern von tragbaren Geräten die

Batterien schneller entleeren, was ein echtes Problem für Menschen ist, die unterwegs sind und keinen Zugang zu einer Stromversorgung haben.

Wir müssen Bewegung mit Bedacht einsetzen, wenn wir positive Web-Erlebnisse für alle Benutzer schaffen und die Auswirkungen auf die Umwelt auf ein Minimum beschränken wollen. Abgesehen davon, dass wir weniger Bewegung in unseren Designs verwenden, können wir die Kontrolle in die Hände der Benutzer legen, indem wir die Medienabfrage "Reduzierte Bewegung" (media query „prefers-reduced-motion:" ; Anm. d. Übersetzers) implementieren, um große Teile der Bewegung für Benutzer auszuschalten, die in ihren Systemeinstellungen eine Präferenz für reduzierte Bewegung angeben. Vielleicht könnte dieselbe Abfrage eines Tages sogar verwendet werden, um eine "Energiesparmodus"-Einstellung in Browsern zu erstellen.

Web-Video

Bilder sind vielleicht die größte Quelle von CO2-Emissionen auf den meisten Websites, aber das liegt daran, dass die meisten Websites keine Videos haben - noch nicht. Bei denjenigen, die Videos haben, stellen diese fast immer alles andere auf der Website in den Schatten, da Videos sowohl daten- als auch verarbeitungsintensiv sind.

Videostreaming ist eine der größten Quellen für Internet-Emissionen und sie wächst schnell, da wir uns daran gewöhnen, mehr unserer Informationen und Unterhaltung im Videoformat zu konsumieren. Eine Studie der University of Bristol fand heraus, dass das Streamen von Videos von Y-ouTube etwa 10 kg CO2 pro Stunde oder 2,8 Gramm pro Sekunde produziert (http://bkaprt.com/swd/03-09/).

Was können wir also tun, um dies zu minimieren? Offensichtlich ist der erste Schritt, Videos zu vermeiden, wenn wir sie nicht brauchen. Es ist einfach anzunehmen, dass Menschen Inhalte als Video konsumieren wollen, aber das ist nicht immer der Fall.

Joe Jones ist Mitbegründer der Design-Agentur Archipelago und Ersteller digitaler Inhalte, der sich darauf spezialisiert hat, komplexe Themen leicht verständlich zu machen. Er erklärte mir, dass Videos zwar ihren Platz haben, wir aber nicht davon ausgehen sollten, dass es immer das beste Inhaltsformat ist. Erstens haben Videos in der Regel Ton, was sie in öffentlichen Räumen wie dem Büro oder in öffentlichen Verkehrsmitteln unangenehm anzuschauen macht. Kennen Sie den Moment der Panik, wenn die Webseite, die Sie geöffnet haben, anfängt, den Ton durch das Büro zu schmettern beginnt und zu sagt: "Seht mich an, ich schaue während der Arbeitszeit

Videos!" Ja, wir alle kennen diesen peinlichen Moment, in dem man versucht, die Stummschalttaste zu finden oder den Browsertab zu schließen. Zweitens werden Videos aufgrund der hohen Bandbreitenanforderungen auf mobilen Verbindungen nur langsam geladen, ganz zu schweigen von der Tatsache, dass sie das monatliche Datenlimit auf mobilen Geräten aufbrauchen.

Joe weist auch darauf hin, dass Videos dem Benutzer wenig Kontrolle über den zeitlichen Ablauf geben, was es den Leuten schwer macht das Thema in ihrem eigenen Tempo zu erfassen. Die meisten Webinhalte kann man schnell überfliegen und innehalten, um besonders interessante Elemente genauer zu studieren. Bei Videos muss man sich von Anfang bis Ende durcharbeiten, wodurch die Benutzer eher zu Passagieren als zu Lenkern ihrer eigenen Erfahrung werden.

Der Anbieter von erneuerbaren Heizsystemen Nu Heat suchte nach einer visuell ansprechenden Möglichkeit, die Funktionsweise von Wärmepumpen zu erklären und erwog die Produktion eines animierten Videos, das auf seiner Website eingebettet werden sollte. Bei der Überprüfung der Anforderungen stellten wir fest, dass eine interaktive Web-Animation eine bessere Lösung wäre, mit zugänglichem Text, besserer mobiler Nutzbarkeit, der Möglichkeit, in verschiedene Phasen des Prozesses hinein- und herauszuklicken sowie kleineren Dateigrößen (Abb. 3.11). Durch die Anpassung einer After Effects-Animation für das Web mit Lottie konnten wir eine interaktive Animation mit nur 575 KB erstellen - weitaus effizienter als die 13 MB, die wir für ein gut optimiertes Video mit denselben Informationen veranschlagt hatten (http://bkaprt.com/swd/03-10/).

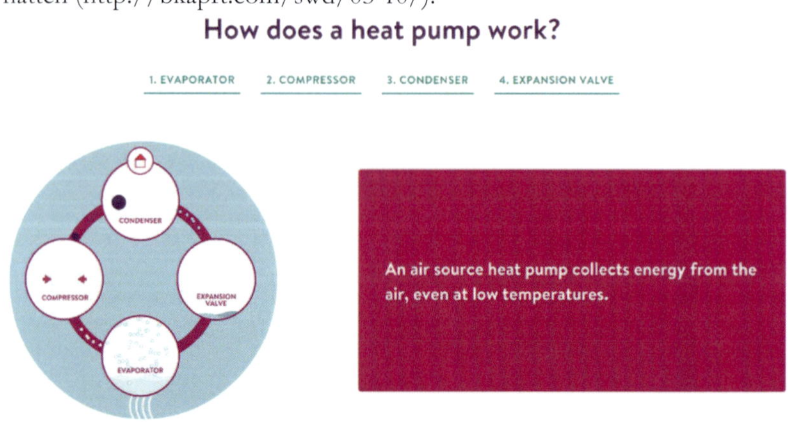

Abb. 3.11: Nu Heat nutzte eine energiesparende interaktive Animation anstelle eines Videos, um zu erklären wie energiesparende Wärmepumpen funktionieren (http://bkaprt.com/swd/03-11/).

Wenn Sie sich dafür entscheiden, dass Video das beste Format für einen bestimmten Inhalt ist, können Sie immer noch Schritte beim Design und der Inhaltserstellung unternehmen, um die Umweltbelastung zu reduzieren. Der wirkungsvollste Schritt ist, darüber nachzudenken, wie Benutzer mit den Videos interagieren. Vermeiden Sie zum Beispiel Designs, bei denen Videos automatisch abgespielt werden, wie z. B. Videohintergründe. Autoplay-Videos sind nicht nur schlecht für die Umwelt, sie können auch Probleme für Benutzer mit sensorischen Störungen und Bewegungsempfindlichkeit verursachen. Durch das Anbringen eines Play-Buttons auf einem Video wird sichergestellt, dass es nur geladen wird, wenn der Benutzer es definitiv ansehen möchte, was für die Benutzererfahrung viel besser ist und unnötiges Streaming von Daten deutlich reduziert.

Sie können auch Videodateien optimieren, um die Dateigröße zu verringern, ohne dass die Bildqualität spürbar leidet. Neil Clark von der Digitalagentur Manifesto schrieb eine Blogserie über die Umweltauswirkungen der digitalen Welt und fügte ein Video bei, das zeigt, wie er die Co2-Emissionen einer Webseite berechnet. Das ursprüngliche Video war als WEBM-Datei 80 MB groß, aber nachdem es als MP4-Datei komprimiert wurde, war es nur noch 3 MB groß. Das Video sah für den Betrachter gleich aus, hatte aber weniger als 4 Prozent der Originalgröße (http://bkaprt.com/swd/03-12/).

Auch der Inhalt spielt eine wichtige Rolle bei den Umweltauswirkungen von Videos, wobei der wichtigste Faktor die Länge ist. Da eine einzige Sekunde Videoinhalt mehr Daten verbraucht als ein einziges JPEG-Bild im Vollbildmodus, zählt wirklich jede Sekunde. Wir können den Benutzern Zeit sparen und der Umwelt helfen, indem wir es kurz und bündig halten.

GIF-Animationen

GIF-Dateien sind wieder in Mode gekommen, um kurze Animationen zu teilen, aber, OMG, diese Memes haben ihren Preis! Abgesehen von ihrer schlechten Bildqualität sind GIF-Animationen schrecklich ineffizient, weil sie effektiv jedes Bild als separates GIF-Bild speichern und dann zu einer großen Datei zusammenfügen. Überlegen Sie sich gut, bevor Sie GIFs in eine Webseite einfügen und wenn Sie kurze Animationen in Ihren Designs verwenden müssen, sollten Sie ein besseres Format verwenden. WEBP ist ein weitaus effizienteres Bildformat, das Animationen unterstützt. In vielen Fällen kann es effizienter sein, stattdessen kurze Videos zu verwenden, die eine höhere Bildqualität bei deutlich kleineren Dateien liefern.

Gehen Sie sparsam visuellen mit Spielereien um

Als Designer des modernen Webs wollen wir Erlebnisse schaffen, die sich dynamisch und interaktiv anfühlen, nicht flach und statisch. Wir wollen unseren Webseiten nette Schnörkel in Form von animierten Interaktionen, Ladeeffekten, Hover- oder Scroll-Effekten und anderen Formen von Bewegung und Effekt hinzufügen. Dieses i-Tüpfelchen kann den Unterschied zwischen einer "netten" und einer "exquisiten" Website ausmachen. Die Frage ist, was kostet die Verwendung dieser Effekte?

Unser Team bei Wholegrain Digital hat bei der Entwicklung unserer eigenen Website einige Tests durchgeführt und festgestellt, dass selbst "einfache" Effekte einen erheblichen Einfluss auf die CPU-Auslastung der Endbenutzer haben können. Das Hinzufügen eines Karusselleffekts zu einer Bildergalerie anstelle der Anzeige statischer Bilder auf der Seite erhöhte beispielsweise die CPU-Spitzenauslastung um 7 Prozent. Das Hinzufügen eines einfachen Einblendeffekts beim Laden der Seite erhöhte die Spitzen-CPU-Auslastung um 22 Prozent. Diese Zahlen variieren je nach dem genauen Anwendungsfall und der Leistung des Endgeräts des Benutzers, aber sie verdeutlichen, dass Animationen und Interaktionen, die sich für den Benutzer „leicht“ anfühlen, in Wirklichkeit eine Menge Rechenleistung auf dem Gerät des Benutzers verursachen können. Zusätzlich zu den Auswirkungen auf die Umwelt kann dies auch für Personen, die mobile Geräte verwenden, unangenehm sein, da sich ihr Akku schneller entleeren wird.

Das soll nicht heißen, dass wir den Leuten einen trockenen Kuchen ohne jegliche Glasur servieren sollten. Wir müssen ein empfindliches Gleichgewicht zwischen Effekten finden, die das Benutzererlebnis wirklich verbessern und den Kernzweck der Website unterstützen und solchen, die einfach überflüssig sind.

Wir müssen uns fragen, welchem Zweck unsere Animationen und Interaktionen wirklich dienen und ob es einfache, ressourcenärmere Alternativen gibt. Arbeiten Sie mit Entwicklern zusammen, um die Energieauswirkungen und Dateigrößen der vorgeschlagenen Effekte zu testen und um darauf aufbauend Ihre Entscheidungen fundiert treffen zu können. Das perfekte Design wird sich nicht wie ein Kompromiss anfühlen. Es wird genug bieten, um sich großartig anzufühlen, nicht mehr und nicht weniger.

Effiziente Web-Typografie

Kommerzielle und Open-Source-Webfonts haben die typografischen Optionen, die Designern zur Verfügung stehen, enorm erweitert, aber sie können auch einen hohen ökologischen Tribut fordern, indem sie die Datenübertragung und die Anzahl der Serveranfragen erhöhen, die zum Laden einer Seite erforderlich sind. Als Designer sollten wir sorgfältig darüber nachdenken, welche Schriftarten wir wählen und welche Auswirkungen dies auf unser Budget für das Seitengewicht haben könnte.

Die effizienteste Wahl ist immer die Verwendung von Systemschriftarten, die auf den Geräten vorinstalliert sind, z. B. Arial, Times New Roman oder Helvetica auf Apple-Geräten sowie Roboto auf Android. Systemschriften erfordern keine Serveranfragen und keinen Datentransfer, um sie zu verwenden. Sie sind im Wesentlichen kostenlos. Der Nachteil ist, dass sie die kreative Freiheit einschränken und da sie nicht auf jedem Gerät gleich sind, verlieren Sie ein gewisses Maß an Kontrolle über die Darstellung.

Wenn Sie auffällige Nicht-System-Schriften verwenden, ist es hilfreich, strategisch vorzugehen. Überschriften und Menüs zum Beispiel haben in der Regel ein viel größeres visuelles Gewicht als der Fließtext, so dass eine auffällige Schriftart dort wahrscheinlich mehr Wirkung hat; die Benutzer bemerken vielleicht gar nicht, dass Sie dann Systemschriften für den Fließtext verwenden.

Weitere wichtige Überlegungen sind, ob Ihre bevorzugte Schriftart als eigenständige, selbst gehostete Webfont verfügbar gestellt wird, oder ob sie über einen abonnierten Schriftdienst wie Adobe Fonts oder Fonts.com lizenziert ist. Diese Abo-Dienste können Ihre Website zusätzlich belasten und zusätzliche Serveranfragen verursachen, was den Energieverbrauch erhöht und Ihre Webseite verlangsamt und außerdem – wie wir später sehen werden – die Möglichkeiten der Webentwickler zur Optimierung der Schriften einschränkt. Das Gute an Abonnement-Schriften ist, dass Sie wissen, dass Ihre Schriftarten legal lizenziert sind, aber vom Standpunkt der Effizienz aus gesehen, sollten Sie Abonnement-Schriften wo immer möglich vermeiden und diese stattdessen selbst hosten. Seien Sie sich nur bewusst, dass die Lizenzen einiger Fonts Modifikationen einschränken, so dass Sie die rechtlichen Bedingungen selbst überprüfen müssen, bevor Sie Änderungen an den Dateien vornehmen.

Die nächste Überlegung aus gestalterischer Sicht ist, wie viele verschiedene Schriftarten und -schnitte benötigt werden (Abb. 3.12). In der Regel wird jede Schriftstärke in einer separaten Schriftdatei gespeichert, was zum

Laden vieler Dateien führt. Brauchen Sie wirklich Standard, Light, Semi-Bold, Bold *und* Black? Wahrscheinlich nicht.

Abb. 3.12: Die Open-Source-Schriftart Inter UI ist mit über zweitausend Zeichen und achtzehn Stilen sehr umfangreich, aber die meisten Webseiten benötigen nicht alle davon (http://bkaprt.com/swd/03-13/).

Wenn Sie die Anzahl der Schriftdateien reduzieren, werden die Seiten schneller und sauberer und Ihre Designs werden konsistenter. In Fällen, in denen Ihr Projekt wirklich eine große Vielfalt an Schriftarten benötigt, sollten Sie die Verwendung einer variablen Schriftart in Betracht ziehen. Variable Fonts sind so konzipiert, dass sie eine präzise Skalierung von Dicke und Neigung erlauben, so dass unendlich viele Variationen einer einzigen Schriftart aus einer einzigen Font-Datei gerendert werden können. Es ist eine hocheffiziente Lösung, und der größte Nachteil ist die begrenzte Anzahl von variablen Fonts die derzeit verfügbar sind. Eine gute Anlaufstelle ist Variable Fonts, ein Projekt, das Designern und Entwicklern helfen soll, sich mit variablen OpenType-Schriften besser vertraut zu machen (http://bkaprt.com/swd/03-14/).

Eine nachhaltige Zukunft gestalten

Wenn wir uns den Geist des Minimalismus zu eigen machen, nicht nur aus ästhetischer Sicht, sondern auch aus der Perspektive der Effizienz, dann können wir mit weniger mehr erreichen.

Indem wir jedes Detail hinterfragen und kritisch darüber nachdenken, wie wir bessere Lösungen schaffen können, können wir nicht nur die Emissionen der Produkte die wir entwerfen reduzieren, sondern sie auch für die Benutzer und für Unternehmen effektiver machen.

Nachdem wir nun gelernt haben, wie sich Design-Entscheidungen auf den Energiebedarf eines digitalen Produkts auswirken, wollen wir mehr über die technischen Ansätze erfahren, mit denen wir ein nachhaltiges Web bereitstellen können.

4. NACHHALTIGE WEB-ENTWICKLUNG

Abgesehen von den allgemeinen Vorteilen bezüglich Zuverlässigkeit, Sicherheit und Wartbarkeit ist gut geschriebener Code von Natur aus effizienter. Wenn Sie in zehn Zeilen Code schreiben können, was Sie früher in hundert Zeilen geschrieben haben, dann haben Sie nicht nur die Größe der Datei reduziert, sondern wahrscheinlich auch den Arbeitsaufwand des Servers für die Verarbeitung dieser Datei verringert.

Denken Sie über die Art und Weise wie Sie Code schreiben aus struktureller Sicht nach. Können Sie Ihre Dateien so organisieren, dass sie schlanker sind und die Duplizierung von Stilen und Funktionen vermeiden? Können Sie die Logik vereinfachen, um die Anzahl und Komplexität der Abfragen zu reduzieren, die zur Bereitstellung eines bestimmten Teils der Funktionalität erforderlich sind? Können Sie die Webseite programmieren, ohne aufgeblähte Bibliotheken und Plugins zu verwenden, die Funktionen enthalten, die Sie gar nicht benötigen? Es kann etwas mehr Zeit in Anspruch nehmen, eine effiziente Struktur zu planen oder Code von Grund auf zu schreiben, aber die Vorteile in Bezug auf Leistung und Nachhaltigkeit können erheblich sein.

Natürlich leben wir in einer Zeit, in der die selbige knapp ist. Alles von Hand zu erstellen mag zwar technische Effizienz bringen, stellt aber möglicherweise keine gute Nutzung unserer Zeit dar. Ebenso haben wir vielleicht nicht die Erfahrung oder das Vertrauen, alles von Grund auf zu programmieren.

Wir müssen nicht dogmatisch sein, aber wir müssen uns dazu verpflichten, fundierte Entscheidungen über unsere Lösungen zu treffen. Selbst wenn wir eine Option von der Stange verwenden müssen, könnte ein wenig Recherche eine angemessenere und weniger aufgeblähte Lösung zutage fördern.

Lassen wir die Annahme beiseite, dass die Zeit von Entwicklern teurer ist als die Zeit von Rechnern, und dass es sich daher nicht lohnt, die Effizienz von programmiertem Code zu steigern. Laut Nikita Prokopov führt diese Einstellung in unserer Branche dazu, dass wir "Rechenleistung in einem noch nie dagewesenen Ausmaß verschwenden" (http://bkaprt.com/swd/04-01/). Das erinnert mich an etwas, das Guy Singh-Watson, Gründer von Riverford Organic Farms, in einem seiner

Gemüsekisten-Newsletter schrieb: "Solange Energie nicht teurer wird, vermute ich, dass wir uns immer wieder neue Wege ausdenken werden, sie zu verschwenden" (http://bkaprt.com/swd/04-02/). Wir müssen anfangen, Energie und natürliche Ressourcen genauso wertzuschätzen wie unsere eigene Zeit und Mühe.

Energieeffiziente Programmiersprachen

Wenn effizienter Code uns dabei hilft, nachhaltigere Webdienste zu erstellen, dann lohnt es sich zu fragen, welchen Unterschied Programmiersprachen selbst zur Energieeffizienz beitragen.

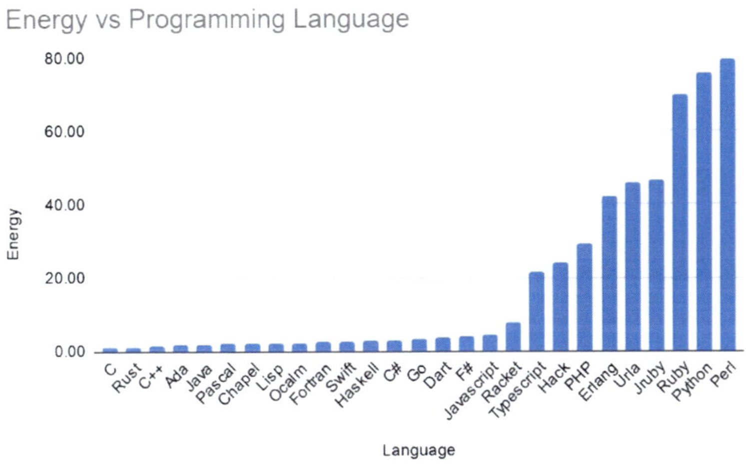

Abb. 4.1: Erstaunlich sind die Unterschiede in der Energieeffizienz von Programmiersprachen.

Ein Team von sechs Forschern aus portugiesischen Universitäten hat sich aufgemacht, genau das zu untersuchen (http://bkaprt.com/swd/04-03/, PDF). Sie führten Server-Energietests von siebenundzwanzig populären Programmiersprachen durch, wobei sie zehn standardisierte algorithmische Probleme aus einem freien Softwareprojekt namens Computer Language Benchmarks Game (http://bkaprt.com/swd/04-04/) verwendeten.

Sie fanden heraus, dass die Energieeffizienz verschiedener Sprachen stark variiert, und obwohl die Ergebnisse je nach Kontext variierten, gab es ein klares Muster, dass kompilierte Sprachen die höchste Energieeffizienz lieferten (Abb. 4.1): "Im Durchschnitt verbrauchten kompilierte Sprachen 120 J [Joule], um den Code auszuführen, während für eine virtuelle Maschine und interpretierte Sprache dieser Wert bei 576 J bzw. 2365 J lag." Das sind deutliche Unterschiede! (Die bemerkenswerte Ausnahme von dieser Regel war Java, das mit nur 114 Joule auskam.)

Die Forscher fanden heraus, dass die drei am wenigsten energieintensiven Programmiersprachen C, Rust und C++ waren, während die drei energieintensivsten Perl, Python und Ruby waren. Die beliebten Web-Programmiersprachen JavaScript und PHP landeten auf den Plätzen 17 und 21, was ein wenig beunruhigend ist, wenn man bedenkt, dass ein Großteil der modernen Webseiten auf diesen beiden basieren. Ein kleiner Trost ist, dass JavaScript und PHP zwei der energieeffizientesten Sprachen bei der Manipulation von Zeichenketten mit regulären Ausdrücken waren, obwohl sie "in anderen Szenarien nicht sehr energieeffizient sind", so der Bericht.

Betrachtet man den tatsächlichen Energieverbrauch (und nicht die Rangfolge), so ist JavaScript weitaus effizienter als PHP oder Ruby. Es verbraucht nur 4,4 Joule, um eine durchschnittliche Aufgabe zu erledigen, verglichen mit 29,3 Joule für PHP und 69,9 Joule für Ruby. Mit anderen Worten: JavaScript verbraucht 15 Prozent der Energie von PHP und nur 6,3 Prozent der von Ruby.

In der Praxis müssen wir Programmiersprachen verwenden, die für das Projekt geeignet sind und die wir ausreichend beherrschen, um unsere Arbeit zu erledigen, aber das Wissen, welche Sprachen am effizientesten sind, hilft uns bei der Entscheidung, welche Sprachen wir in den Fällen verwenden, in denen wir die Wahl *haben*. Es bietet auch eine Anleitung, die uns hilft, bewusst zu entscheiden, welche Programmiersprachen wir lernen und in Zukunft verwenden wollen.

JavaScript mit Bedacht verwenden

Trotz der genannten Vorteile von JavaScript will ich betonen, dass es eine Sprache ist, die wir versuchen sollten, weniger zu benutzen. Ich weiß, was Sie denken: "Der Typ widerspricht sich doch!"

Lassen Sie mich das erklären. Obwohl JavaScript bei der Verarbeitung von algorithmischen Problemen energieeffizienter sein mag, wird es in Fällen, in denen wir unseren Code nicht zum "Lösen von Problemen" benötigen, immer weniger effizient sein als das Ausliefern statischer Dateien.

Das häufigste Beispiel ist die Verwendung von JavaScript für die Animation von Elementen in einem Design. CSS kann inzwischen viele Animationseffekte mit weitaus mehr Effizienz als JavaScript umsetzen, da es die Notwendigkeit für die CPU zu "denken" minimiert - und das kann im Allgemeinen mit weitaus kleineren Dateigrößen erreicht werden, was die Energie für die Datenübertragung minimiert.

Wir sollten sorgfältig darüber nachdenken, ob der Code, den wir verwenden, notwendig ist. Braucht unsere Webseite zum Beispiel wirklich jQuery, um die gewünschte Funktionalität zu liefern, und ist es angemessen, ein Frontend-Framework wie React, Vue oder Angular für einfache Webseiten zu verwenden, die keinen Bedarf dafür haben?

Ebenso neigt die Funktionalität die JavaScript hinzufügt, dazu, Energie zu verbrauchen und Websites zu verlangsamen, ohne einen Mehrwert für den Benutzer zu generieren. Und das bringt mich zu den Tracking-Skripten.

Tacking-Skripte

Eine der häufigsten Verwendungen von JavaScript ist der Einsatz von Werbe- und Tracking-Skripten, die bestenfalls eine Ablenkung und in vielen Fällen jedoch einen Eingriff in die Privatsphäre darstellen.

Einfache Analytics-Tracking-Skripte variieren enorm in ihrer Größe. Das Standard-Google-Analytics-Skript ist 17 KB groß, während der Google Tag Manager mit 75 KB deutlich umfangreicher ist; schlankere Optionen erreichen mit 1,5 KB für Minimal GA und 1,2 KB für Fathom zum Zeitpunkt der Erstellung dieses Artikels nur ein Bruchteil davon (http://bkaprt.com/swd/04-05/). Es lohnt sich zu hinterfragen, welche Funktionalität Sie von Ihrem Tracking-Skript benötigen, um das zusätzliche Datenvolumen zu rechtfertigen.

Nachrichten-Webseiten sind berüchtigt für ein Übermaß an Tracking- und Werbeskripten. Im Jahr 2015 untersuchte die *New York Times* den Datenverbrauch von fünfzig beliebten Nachrichten-Webseiten und fand heraus, dass im Durchschnitt mehr als die Hälfte des Datenverbrauchs ausschließlich von Werbeskripten stammt. Diese Skripte verursachen nicht nur erhebliche Performance-Probleme, sondern kosten die mobilen Nutzer auch einen großen Teil ihres monatlichen Datenkontingents. Ein Nutzer kann bis zu 32 Cent eines typischen Datentarifs allein für das Laden der Werbung auf einer Nachrichten-Homepage ausgeben - während der redaktionelle Inhalt nur acht Cent kostet (http://bkaprt.com/swd/04-06/).

Tracking-Skripte können viel von unserer großartigen Arbeit bei der Erstellung einer effizienten Website zunichtemachen. Um dieses Problem zu lösen, müssen wir nicht alles hinnehmen und einfach alle Skripte installieren, die von der Marketingabteilung am Ende des Design- und Entwicklungsprozesses angefordert werden, sondern uns auf ein offenes Gespräch darüber einlassen, was genau wir aus den Daten lernen wollen. Es gibt vielleicht viel schlankere Tracking-Skripte, die die Daten liefern können, die wir tatsächlich brauchen.

Wir können auch die Auswirkungen von Tracking-Skripten reduzieren, indem wir fragen, *wann* sie benötigt werden. Wir müssen Tracking-Skripte vielleicht nicht auf unbestimmte Zeit verwenden, sondern könnten sie stattdessen vorübergehend installieren, um eine Kampagne zu verfolgen oder ein bestimmtes UX-Problem zu verstehen, und sie dann entfernen, sobald wir die notwendigen Erkenntnisse gewonnen haben.

Wir haben vielleicht nicht immer die volle Kontrolle darüber, welche Tracking-Skripte auf den von uns erstellten Websites landen, aber indem wir die richtigen Fragen stellen und proaktiv effizientere Alternativen vorschlagen, können wir die Dinge in die richtige Richtung lenken.

Optimieren von Schriftdateien

Als wir uns entschieden Inter UI als Schriftart auf der Wholegrain Digital-Website zu verwenden, waren wir besorgt darüber, dass ein einziger Schriftschnitt standardmäßig als 298 KB große TTF-Datei ausgeliefert wurde - größer als der restliche Frontend-Code zusammengenommen. Also haben wir untersucht, wie wir die Größe reduzieren können. Wir begannen mit der ursprünglichen Inter UI-Schriftdatei im TTF-Format und konvertierten sie mit dem Webfont-Generator von Font Squirrel (Abb. 4.2) in ein effizienteres WOFF2-Dateiformat (http://bkaprt.com/swd/04-07/). Dadurch wurde die Dateigröße auf 77 KB reduziert, und zwar ohne jeglichen Qualitätsverlust.

Die nächste Frage war, ob die Schriftart irgendwelche Elemente enthielt, die wir nicht brauchten. Mit dem Zeichentabellenbetrachter von Font Drop konnten wir sehen, dass unsere Inter UI-Schriftdatei 2.192 Zeichen für 39 Sprachen enthielt, von denen die meisten auf unserer Website einfach nicht benötigt wurden (http://bkaprt.com/swd/04-08/). Wir verwendeten das Font-Subsetting-Tool von Everything Fonts, um die nicht verwendeten Zeichen zu entfernen, so dass wir eine Teilmengenversion von Inter UI erhielten, die nur 98 Zeichen beinhaltete (http://bkaprt.com/swd/04-09/). Die endgültige Datei war nur 7 KB groß, eine Reduzierung der Dateigröße um 97,7 Prozent im Vergleich zur offiziellen Inter UI-Datei, mit der wir begonnen hatten, und dass ohne negative Nebenwirkungen für die Benutzer unserer Website.

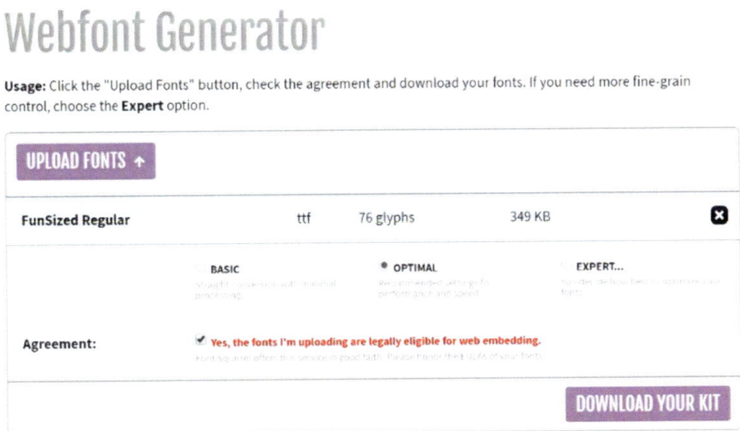

Abb. 4.2: Es scheint, dass die besten Tools von niedlichen Tieren betrieben werden. Der Webfont-Generator von Font Squirrel (Squirrel entspricht dem deutschen „Eichhörnchen", Anm. d. Übers.) ist ein einfacher Weg, um Schriften im Handumdrehen in das optimale Format zu konvertieren.

Solange Sie die Kontrolle über die Schriftdateien haben und die Lizenzbedingungen der Hersteller die Verwendung im Web und die Optimierung erlauben, können Sie diesen Prozess für fast jede Schrift wiederholen und so die Leistung und Nachhaltigkeit mit nur wenigen Minuten Aufwand verbessern.

Statisch bleiben

Wenn Sie vor 1990 geboren sind, erinnern Sie sich wahrscheinlich noch an die Zeit, als wir Websites in statischem HTML erstellten und unsere Ideen mit Dreamweaver verwirklichten. Es stellte sich heraus, dass diese einfachen Webseiten wirklich, wirklich umweltfreundlich waren, weil sie im Allgemeinen kleine Dateien waren und den Server nur minimal belasteten.

Die Interaktion zwischen dem Browser und dem Server sah in etwa so aus:

Browser: "Kann ich die Homepage haben?"
Server: "Sicher, hier ist sie."

Mit der Einführung von Content-Management-Systemen (CMS) ist dieser Prozess sehr viel komplizierter geworden. Die eigentlichen HTML-Dateien existieren nicht mehr auf dem Webserver; der Server muss die Dateien jedes Mal generieren, wenn jemand die Webseite anfordert. Stellen Sie sich die altmodischen statischen HTML-Webseiten als mikrowellenfertige Mahlzeiten vor, während CMS-basierte Webseiten rohe Zutaten sind, die gehackt und gekocht werden müssen, bevor sie jemand essen kann. Trotz der unglaublichen Macht, die CMS uns gegeben haben, um die Kontrolle über unsere Inhalte zu übernehmen, ist die Technologie die diese Kontrolle ermöglicht viel weniger effizient, was zu einem höheren Energieverbrauch und langsameren Ladezeiten führt.

Es ist schwer zu beziffern wie viel zusätzliche Energie dies verbraucht, aber wir können einen Anhaltspunkt erhalten, indem wir die Menge an Berechnungen, die zum Laden einer einfachen HTML-Datei erforderlich ist, mit dem gleichen Inhalt aus einer PHP-Datei (die von beliebten CMS wie WordPress und Drupal verwendet wird) vergleichen.

Auf der Veranstaltung "Web Performance for People and Planet", die 2019 in London stattfand, hielt der CTO der Positive Internet Company, Nick Mailer, einen Vortrag, in dem er vorschlug, die Anzahl der Systemaufrufe auf dem Server als Indikator für die relative Energiemenge zu verwenden, die zum Laden einer Datei verwendet wird. Er erstellte eine statische HTML-Datei und ein äquivalentes PHP-Skript, um den exakt gleichen Inhalt an den Browser zu liefern: die Zeichenkette "Hallo, Welt". Die statische Datei benötigte sechsundvierzig Systemaufrufe, während die PHP-Datei 888 Systemaufrufe benötigte - fast das Zwanzigfache an Arbeit auf dem Server.

Glücklicherweise gibt es Lösungen, die die Anzahl der Systemaufrufe auf dem Server reduzieren können. Lassen Sie uns einen Blick auf einige davon werfen.

Seiten-Caching

Eine gängige Lösung ist das Seiten-Caching, bei dem der größte Teil der Seite vom CMS on the fly generiert wird, wenn der erste Besucher die Seite lädt, und alle nachfolgenden Besucher eine gecachte Version der Seite erhalten. Obwohl der Server immer noch die ressourcenintensive Arbeit des Generierens und Bestücken des Markups für den ersten Besucher einer neuen oder aktualisierten Seite erledigen muss, erhält jeder nachfolgende Besucher dieser Seite die gleiche generierte Kopie des HTML der Seite.

Dies spart nicht nur eine Menge Rechenenergie, sondern verbessert auch die Web-Performance erheblich, da der Benutzer nicht warten muss, bis die Seite auf dem Server "zusammengebaut" ist, bevor sie an seinen Browser gesendet werden kann.

Ein Plugin wie WP Rocket ist die einfachste Möglichkeit, Caching in einem CMS wie WordPress zu implementieren. WP Rocket generiert die gecachte Version unserer Webseiten für uns und kann den Cache auch vorgenerieren, indem es den ersten Besuch simuliert. Dies hilft uns dabei, langsame Ladezeiten für den ersten Besucher jeder neu bearbeiteten Seite zu vermeiden und hilft auch den Suchmaschinen-Rankings, indem sichergestellt wird, dass alle Seiten *vor dem* Besuch des Suchmaschinen-Crawlers gecached werden.

Wenn wir jedoch eine Caching-Lösung innerhalb unseres CMS implementieren, muss das CMS selbst immer noch jede Anfrage starten und verarbeiten, bevor die statischen Dateien an den Besucher gesendet werden. Wir können diesen anfänglichen Overhead eliminieren, indem wir die Caching-Schicht auf das Hosting selbst verlagern. Der Server sendet die zwischengespeicherten Dateien direkt an den Benutzer, ohne das CMS abzufragen, was Energie spart und die Ladezeiten noch weiter verbessert. Serverseitige Caching-Technologien wie Varnish sind weit verbreitet und in einigen Hosting-Paketen standardmäßig enthalten. Auch wenn Sie nicht über das technische Wissen verfügen, um Caching selbst einzurichten, können Sie es für Ihre Projekte einsetzen.

Seiten-Caching erhöht auch die Widerstandsfähigkeit gegenüber Traffic-Spitzen. Ein Beispiel: Einer unserer Kunden hatte innerhalb einer Woche anderthalb Millionen Hits von Bots, die die Seite abfragten. Der Server hat das gut verkraftet, weil er sich nicht mit dem ladeintensiven WordPress-Kram beschäftigen musste. Um meinen Kollegen Josh Stopper zu zitieren: Es war, als würde der Server einfach sagen: "Hier ist die Seite. Hier ist die Datei. Tschüss." Job erledigt!

Caching ist nicht die einzige Lösung, um die Ineffizienz zu beseitigen, die durch dynamisch generierte Webseiten von Content-Management-Systemen verursacht wird. Ein neuer Ansatz, der uns helfen kann, ein nachhaltigeres Web zu schaffen, ist der *JAMstack*.

JAMstack klingt vielleicht wie etwas, das man zum Frühstück essen würde, aber es steht tatsächlich für *JavaScript, APIs und Markup*. Durch die Nutzung der wachsenden Leistungsfähigkeit von JavaScript in modernen Webbrowsern, kombiniert mit APIs die mit anderen Webdiensten interagieren können, ist JAMstack eine Möglichkeit, das CMS von der Front-End-Benutzererfahrung zu entkoppeln.

Eine JAMstack-Webseite verwendet ein Content-Management-System, um Inhalte zu bearbeiten und zu veröffentlichen, und dann werden die Webseiten selbst als statische Webseiten vorgerendert. Dieser Ansatz bietet die Leistung, Sicherheit und Energieeffizienz von rein statischen Webseiten - und im Gegensatz zu den statischen Webseiten des frühen Webs kann er auch die reichhaltigen Interaktionen, die erweiterte Funktionalität und die CMS-basierte Inhaltsbearbeitung liefern, die wir vom modernen Web erwarten. JAMstack-Webseiten hosten typischerweise auch die statischen Dateien in einem Content Delivery Network (CDN), was Energie spart, da die Dateien kürzere Wege zu jedem Besucher zurücklegen müssen, und Ausfallsicherheit schafft, da es keinen Single Point of Failure gibt.

Es ist eher ein Ansatz als eine Technologie, wird aber immer zugänglicher und einfacher auf unsere Projekte anzuwenden. Es gibt eine wachsende Anzahl von JAMstack-Frameworks und Content-Management-Systemen, wie Jekyll, Netlify, Hugo und Gatsby.

Dieser Ansatz ähnelt den Hosting-Diensten (wie Strattic und Shifter), die die harte Arbeit der Konvertierung unserer bevorzugten Content-Management-Systeme in statische Webseiten übernehmen. Wenn Menschen diese Webseiten besuchen, treffen sie auf statische Webseiten ohne Verbindung zum CMS. Tatsächlich existiert das CMS nicht einmal, es sei denn, der Redakteur ist eingeloggt und bearbeitet Inhalte. Sogenannte "serverlose" Hosting-Lösungen sind so konzipiert, dass beim Einloggen des Benutzers eine Live-Version des CMS hochgefahren wird, statische Dateien für die Webseiten generiert werden und das CMS wieder heruntergefahren wird, wenn sich der Website-Redakteur abmeldet.

Das macht absolut Sinn. Webbasierte CMS sind extrem nützlich, um Menschen zu befähigen Inhalte im Web zu veröffentlichen und zu verwalten. Wenn Besucher jedoch statische Dateien von einem CDN erhalten, dann gibt es keine Notwendigkeit für das CMS, auf einem Server zu laufen und Strom zu verbrauchen, es sei denn, jemand ist tatsächlich in das CMS eingeloggt und bearbeitet die Website.

Josh Lawrence, Mitbegründer des serverlosen WordPress-Hosters Strattic, sagte mir, dass, obwohl es schwer ist genaue Zahlen zu erhalten, eine statische Implementierung von WordPress wahrscheinlich mehrere hundert Mal weniger Energie verbraucht als die Verwendung von WordPress in seiner Standardform.

Ob der JAMstack-Ansatz effizienter ist als eine gut gecachte konventionelle CMS-Website, darüber lässt sich streiten. Der Unterschied ist marginal, wenn Sie Ihr CMS so eingerichtet haben, dass alles effizient funktioniert. Der Hauptunterschied ist, dass JAMstack standardmäßig die Effizienzvorteile von statischen Websites hat, während man bei konventionellen Content-Management-Systemen auf Details achten muss, um sicherzustellen, dass alles so eingerichtet ist, dass es effizient funktioniert, was oft nicht der Fall ist.

Progressive Web-Apps

Die Progressive Web App (PWA)-Technologie ist ein enger Verbündeter der statischen Webtechnologie - sie hilft uns, effizientere Webseiten zu entwickeln, indem sie viele der Funktionen, die bisher nur für native mobile Apps verfügbar waren, in den Webbrowser überträgt. PWAs werden mittlerweile von den meisten Webbrowsern unterstützt und bieten zahlreiche Vorteile in Bezug auf die Benutzererfahrung, wie z. B. die Möglichkeit, Dateien auf dem Gerät eines Benutzers mit einem hohen Maß an Kontrolle zwischenzuspeichern.

Sorgfältig konzipiertes Caching reduziert die Anzahl der Anfragen des Browsers an den Server sowie den Umfang der Datenübertragung. Dies ist besonders auf Seiten effektiv, die Benutzer wahrscheinlich mehrmals besuchen, sich aber nicht oft ändern, wie z. B. Referenzartikel. Neben den Vorteilen für die Umwelt verbessert es auch die Ladegeschwindigkeiten und macht Webseiten stabiler nutzbar, wenn die Internetverbindung instabil ist, z. B. beim Pendeln mit der Bahn - ganz zu schweigen von der Ausfallsicherheit bei Naturkatastrophen, wenn die Telekommunikationsnetze im Ganzen beeinträchtigt sind.

Jason Grigsby argumentiert, dass es eigentlich keinen guten Grund für Webseiten gibt, sich die Vorteile von *Progressive Web Apps* nicht zunutze zu machen: "Selbst wenn Sie Ihre Webseite nicht als 'App' betrachten, können die Kernfunktionen von Progressive Web Apps jeder Webseite zugutekommen. Wer würde nicht von einer schnellen, sicheren und zuverlässigen Webseite profitieren?" Fügen Sie "energieeffizient" zu dieser Liste hinzu!

Komprimieren Sie Ihren Code

Nachdem Sie Ihren super-sauberen, gut organisierten Code geschrieben haben, gibt es noch eine Sache zu tun, bevor Sie ihn auf Ihren Hosting-Account hochladen und Feierabend machen: Komprimierung!

Egal, wie gut Sie Ihren Code schreiben, er kann immer noch schlanker sein. Als Menschen mögen wir bestimmte "Annehmlichkeiten" im Code, die Maschinen nicht interessieren: Leerraum für die Lesbarkeit, Kommentare, die uns helfen, ihn zu verstehen, und intuitive Benennung von Klassen und Funktionen. Hinzu kommt, dass wir nicht perfekt sind und oft unbenutzten oder doppelten Code einfügen werden.

Während diese Extras im Entwicklungsprozess in Ordnung sind, machen sie unsere Dateien größer als sie sein müssen. Wenn wir sie aus unserer Arbeit entfernen und eine Version unseres Codes generieren können, die rein maschinenlesbar ist, dann können wir Energie sparen und die Webleistung verbessern.

Build-Tools helfen uns dabei, indem sie den Entwicklungscode, den wir als Menschen lesen und schreiben, in eine produktionsreife, für Maschinen optimierte Version umwandeln. Build-Tools können für viele Dinge verwendet werden, einschließlich der Überprüfung des Codes auf Webstandards und Browser-Kompatibilität, aber Ihre Hauptfähigkeit besteht darin, Code zu komprimieren, was für uns in diesem Kontext entscheidend ist.

Es kann kompliziert sein, Build-Tools einzurichten, weil es für jede Optimierung, die wir anwenden wollen, ein anderes Tool gibt. CodeKit ist eine Software, das für Leute geschrieben wurde, die es satthaben, mehrere Open-Source-Tools zu verwalten, um einen Website-Build zu erstellen (http://bkaprt.com/swd/04-10/). Es nimmt so ziemlich jeden Code, den Sie ihm geben, lässt ihn durch Build-Tools laufen und kompiliert ihn in das effizienteste Format. Es arbeitet mit Bildern, JavaScript, CSS, PHP, fast allem, was Sie wollen. Es hat nicht die volle Flexibilität, die Sie durch das Einrichten von benutzerdefinierten Build-Tools erhalten würden, aber als Ausgangspunkt ist es sehr leistungsfähig.

Blockieren von Bots

Nachdem wir den größten Teil dieses Kapitels damit verbracht haben, zu erklären, wie Sie Ihren Code effizienter gestalten können, gibt es eine wirklich einfache Möglichkeit, wie Sie die Umweltauswirkungen Ihrer Webseiten mit minimalem Aufwand reduzieren können.

Mit einem Wort: Bots!

Als Webdesigner sind wir sehr darauf fokussiert, Produkte zu erstellen, die den Bedürfnissen der Benutzer dienen - aber menschliche Benutzer sind nicht die einzigen, die unsere Webseiten besuchen. Ein großer Prozentsatz des Website-Traffics kommt von Bots.

Bots besuchen Websites aus den unterschiedlichsten Gründen - Web Scraper, SEO-Bots wie Ahrefs und SEMRush, Brute-Force-Angreifer, die versuchen, sich Zugriff zur Webseite zu verschaffen, RSS-Reader-Apps, Konkurrenten, die ihre Webseiten gegenseitig überwachen, und "Script-Kiddies", die einfach nur mit Bots spielen.

Akshat Choudhary, Gründer des WordPress-Backup- und Sicherheitsdienstes BlogVault, sagte mir, dass seine Daten zeigen, dass "Bots oft 50 Prozent der Ressourcen wie Verarbeitung und Bandbreite verbrauchen. Wir beobachten dies durchgängig über alle Webseiten hinweg."

Erinnern Sie sich, dass ich in Kapitel 1 erwähnt habe, dass das Internet, wenn es ein Land wäre, gleichauf mit Deutschland der sechstgrößte Umweltverschmutzer der Welt wäre? Stellen Sie sich nun vor, 50 Prozent des deutschen Stroms würden von Bots abgezapft, die nichts Gutes im Schilde führen. Sicherlich wäre es eine nationale Priorität, die Bots zu blockieren.

So sollten wir über Bots in unseren Webprojekten denken. Wir sehen sie vielleicht nicht, aber sie sind da und versuchen, Informationen zu extrahieren und unsere Sicherheitsmaßnahmen zu durchbrechen. Dabei belasten sie unsere Server zusätzlich und verlangsamen unsere Webseiten.

Wir müssen die Bots außen vor halten, und zum Glück ist das in vielen Fällen nicht allzu schwierig. Bots können in erster Linie durch die Verwendung einer Firewall blockiert werden, die den meisten Webseiten mit einem Dienst wie Cloudflare oder Malcare oder von Ihrem Hosting-Anbieter hinzugefügt werden kann. Diese Dienste blockieren die meisten Bots, lassen aber die gewünschten Bots dennoch durch (Hallo, Google!).

Damit können Sie nicht nur den CO2-Fußabdruck Ihrer Webseite reduzieren, sondern auch die Ladegeschwindigkeit verbessern, die Sicherheit erhöhen und verhindern, dass Konkurrenten Ihre Informationen abgreifen. Gewonnen!

Besserer, nachhaltigerer Code

Das Fazit bei der Entwicklung von Webseiten und Apps ist, dass es wichtig ist, sich daran zu erinnern, wie viel Einfluss man auf die Nachhaltigkeit des Endprodukts hat, unabhängig davon, ob man am Designprozess beteiligt war oder nicht. Eine durchdachte, detailorientierte Herangehensweise an die Entwicklung führt zu Webseiten, die weitaus effizienter sind, ohne dass für den Benutzer ein anderer Unterschied als eine verbesserte Leistung erkennbar ist. Das ist ein ziemlich guter Nebeneffekt.

Egal, an welcher Art von Webprojekt Sie arbeiten oder welche Programmiersprachen Sie verwenden, eines ist sicher - es muss irgendwo gehostet werden, und darüber sprechen wir als nächstes.

5. GRÜNES WEBHOSTING

Eine der effizientesten Webseiten, die wir mit dem Website Carbon Calculator getestet haben, ist die persönliche Webseite von David und Kay Cawsey (Abb. 5.1). Ihr einfacher Blog ist nicht auf einem Server in einem großen Rechenzentrum in Dallas oder London abgelegt, sondern auf einem Raspberry Pi in der hintersten Ecke ihres Schranks in Cheltenham, England.

Davidandkay.me.uk ist vielleicht keine moderne Webanwendung, die mit interaktiven Elementen bestückt ist, aber sie zeigt eine andere Möglichkeit auf, Hosting-Effizienz zu erreichen. Davids Ansatz umgeht den Bedarf an komplexer Servertechnologie, indem er die Dinge einfach und effizient hält.

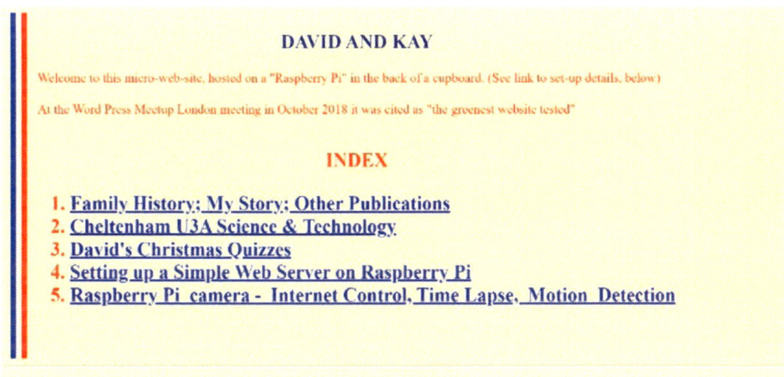

Abb. 5.1: Es mag nicht offensichtlich sein, aber wir können hier eine Menge lernen!

"Ein einfacher Server braucht keinen ganzen 'LAMP STACK', erklärt er auf seiner Website. "Apache ist ein bisschen 'schwergewichtig'. "

Sehen Sie, David ist nicht wie die meisten von uns modernen Webdesignern, die mit einer Mentalität des Überflusses aufgewachsen sind. David ist siebenundachtzig Jahre alt und arbeitet seit den frühen 1950er Jahren mit Computern - der größte Teil seiner Karriere erforderte also einen schlanken Ansatz:

> *(Ich) musste effizient sein, mit langsamen Prozessoren und sehr begrenztem Speicher. Das Internet kam in den 1990er Jahren, und viele Jahre lang benutzten wir Einwahlverbindungen mit langsamen (56 Kbps) Modems. Ich erstellte bald einige Webseiten, die kommerziell gehostet wurden und es war*

sicherlich eine gute Praxis, sie einfach zu halten und die Dateigrößen zu minimieren. Dabei bin ich geblieben und es ist gegen meine sparsame Natur, Grafikdateien einzubinden, die unnötig groß sind oder Code verwenden, den ich nicht verstehe!

David hat in einer Welt gelebt, in der die Rechenleistung und die Geschwindigkeit von Datennetzwerken auf eine Art und Weise begrenzt waren, die die meisten von uns heute nur schwer nachvollziehen können. Daher versteht er intuitiv den Wert von Effizienz. Es ist eine Lektion in der Wertschätzung von Ressourcen und der Einfachheit der Dinge - eine Lektion, die man in einer Welt mit billiger und reichlich vorhandener Rechenleistung und superschnellem Internet leicht vergisst.

Wir konsumieren Daten, als ob es die Luft zum Atmen wäre. Im Gegensatz zu Davids Webseite auf seinem Raspberry Pi ist die durchschnittliche Webseite heute so groß, dass sie nicht einmal auf eine Diskette passen würde (falls Sie sich noch daran erinnern!). Da unsere Gesellschaft immer mehr Daten verbraucht, vermehren sich die energiehungrigen Rechenzentren wie die Mäuse - auf Kosten der Umwelt.

Die Kosten der Daten

Rechenzentren sind eine der am schnellsten wachsenden Quellen des weltweiten Strombedarfs. Da ein Großteil der weltweiten Energie immer noch durch die Verbrennung fossiler Brennstoffe erzeugt wird, stellen sie eine echte Bedrohung für unsere Chancen dar, die Ziele des Pariser Abkommens zu erreichen.

2015 habe ich Fabio Torlini, den EMEA-Geschäftsführer des Hosting-Unternehmens WP Engine, für unseren Wholesome Business-Podcast interviewt. Er erzählte mir, dass ein typisches Rechenzentrum ungefähr so viel Strom verbraucht wie Maidenhead in England, eine Stadt, in der über sechzigtausend Menschen leben. Das ist nur *ein einziges* Rechenzentrum. Der zusammengefasste Strombedarf, die größtenteils aus Kohle- und Gaskraftwerken stammt, trägt wesentlich zum Klimawandel bei.

Hinzu kommt, dass unser Datenhunger wächst, da wir mehr von unserem Leben online verlagern und mehr datenintensive Webdienste erstellen. Einem Bericht der Forscher Anders Andrae und Tomas Edler zufolge "werden Rechenzentren im Jahr 2030 etwa 3-13 % des weltweiten Stroms verbrauchen, verglichen mit 1 % im Jahr 2010" (Abb. 5.2) (http://bkaprt.com/swd/05-01/).

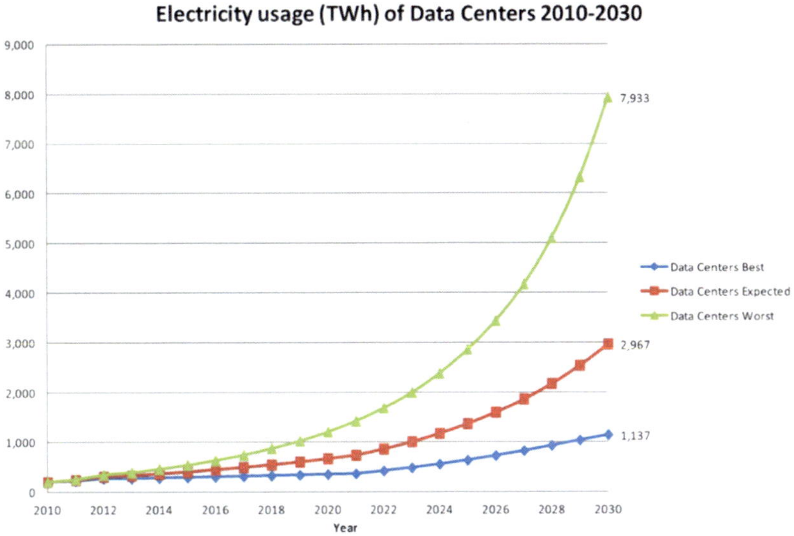

Abb. 5.2: Selbst im günstigsten Fall wird der Energieverbrauch von Rechenzentren in den nächsten zehn Jahren voraussichtlich massiv ansteigen.

Deshalb ist es so wichtig, dass wir das Hosting effizient nutzen und schnell dazu übergehen, alle Rechenzentren, ob groß oder klein, mit erneuerbarer Energie zu versorgen.

Der Serverraum

Es ist noch gar nicht so lange her, dass viele Unternehmen ihre eigenen Serverräume voller Computer hatten, auf denen IT-Systeme liefen. Wenn Sie jemals einen dieser Räume betreten haben, werden Sie sich daran erinnern, wie heiß und stickig sie waren. Computer arbeiten am effizientesten, wenn sie kühl sind, und sie geben eine Menge Wärme ab, wenn sie in Betrieb sind. Wenn Sie eine Menge davon in einem Raum zusammenpacken, wird es ziemlich heiß, und die Serverräume müssen gekühlt werden, um die Maschinen effizient zu betreiben. Das wiederum verbraucht mehr Strom, um die Klimaanlage zu betreiben.

Es stellte sich heraus, dass traditionelle Büro-Serverräume höchst ineffizient waren, ganz zu schweigen von den hohen Kosten für den Betrieb. Sie leiden unter dem Fluch der Mittelmäßigkeit: Sie sind weder groß genug, um

Skaleneffekte zu erzielen, noch klein genug, um die Vorteile der Vereinfachung und Miniaturisierung zu nutzen. Wenn wir unsere Projekte nicht in der hintersten Ecke eines Schranks hosten wollen, müssen wir uns die Möglichkeiten von Skalierung zu eigen machen.

Groß werden

In den letzten Jahren ist ein Trend zu beobachten, der als "*Hyperscale Shift*" bezeichnet wird und von großen Tech-Unternehmen wie Amazon, Microsoft und Google angeführt wird, die ihre Dienste aus dem Büro oder kleinen Rechenzentren in zentrale, groß angelegte Rechenzentren verlagern. Hyperscale-Rechenzentren nutzen Skaleneffekte, um niedrigere Kosten, fortschrittlichere Dienste und eine höhere Energieeffizienz zu erreichen. Im Durchschnitt kann ein Server in einem Hyperscale-Rechenzentrum dank seines hochoptimierten Designs 3,75 Server in einem herkömmlichen Rechenzentrum ersetzen (http://bkaprt.com/swd/01-01/).

Die Verbesserungen bei der Energieeffizienz waren so tiefgreifend, dass der neueste United States Data Center Energy Usage Report trotz des signifikanten Wachstums des Internetverkehrs feststellt, dass "der {Anstieg des; Anm. d. Übers.] Stromverbrauch[s] von Rechenzentren in den letzten Jahren relativ flach war." Der Bericht führt diese Abflachung des Energieverbrauchs größtenteils auf den zunehmenden Einsatz von "Hyperscale-Rechenzentren zurück, in denen die Server oft für maximale Produktivität konfiguriert und mit höheren Auslastungsraten betrieben werden. Dies führt dazu , dass weniger Server benötigt werden, als für die Bereitstellung der gleichen Dienste in traditionellen, kleineren Rechenzentren erforderlich wären" (http://bkaprt.com/swd/05-02/, PDF).

Die Effizienzgewinne haben mit unserem wachsenden Informationshunger Schritt gehalten, sodass man sich fragen kann, ob Energie in Rechenzentren überhaupt noch ein wichtiges Thema ist, über das man nachdenken muss. Es ist jedoch wahrscheinlich, dass der Energieverbrauch wieder ansteigt, da unsere Branche die meisten einfach umzusetzenden Maßnahmen zur Verbesserung der Effizienz bereits ausgereizt hat. Viele Rechenzentren nähern sich jetzt der theoretischen Grenze der Stromverbrauchseffektivität (PUE), dem Standardmaß für die Energieeffizienz von Rechenzentren. Wenn wir uns dieser Grenze nähern, ist es wahrscheinlich, dass die Effizienzgewinne ein Plateau erreichen und der weltweite Energiebedarf von Rechenzentren wieder beginnt im Einklang mit dem wachsenden Datenverbrauch zu steigen.

Die Lösung setzt an zwei Punkten an: Wir müssen die effizientesten Rechenzentren nutzen, die wir finden können, aber wir müssen auch die Verantwortung für die Anwendungen übernehmen, die wir hosten und den Energiebedarf niedrig halten, um ihren Bedarf an Servern zu minimieren.

Klein werden

David Cawseys Raspberry-Pi-"Rechenzentrum" befindet sich am entgegengesetzten Ende des Spektrums moderner Hyperscale-Rechenzentren, aber es umfasst die gleichen Prinzipien extremer Effizienz. Wenn wir Davids Beispiel folgen, können wir nicht nur unseren Code optimieren, um den Bedarf an Server-Ressourcen zu minimieren, sondern wir können auch den kleinsten verfügbaren Hosting-Service wählen, um unsere Bedürfnisse zu erfüllen, selbst wenn er sich in einem gigantischen Rechenzentrum befindet. Vielleicht brauchen wir mehr als einen Raspberry Pi, aber es ist auch wahrscheinlich, dass wir nicht den leistungsstärksten Server benötigen.

Wenn wir einen kleineren Server verwenden können, dann können wir Energie *und* Geld für das Hosting sparen. Wir könnten versucht sein, auf Nummer sicher zu gehen und einen großen Server anzumieten, nur um sicher zu sein, dass er die Anforderungen unseres Projekts erfüllen kann. Aber wenn wir hart daran gearbeitet haben, die Effizienz unserer Webseite durch den Design- und Entwicklungsprozess zu optimieren, werden die Serveranforderungen in Bezug auf Speicher und Verarbeitung nur einen Bruchteil anderer ähnlicher Webseiten ausmachen. Die einzige Möglichkeit, die optimale Servergröße zu finden, ist, klein anzufangen und zu testen. Ihr Hosting-Provider wird Ihnen nur zu gerne dabei helfen, die Größe zu erhöhen, wenn es nötig ist, wohingegen er nicht immer so begeistert ist, Ihnen beim Verkleinern zu helfen.

Wenn Sie sich Sorgen über das Risiko einer geringen Leistung oder von Ausfallzeiten aufgrund eines zu kleinen Servers machen, sollten Sie zunächst einen Softstart durchführen, um die Leistung zu testen und Vertrauen zu gewinnen.

Shared Hosting

Der logische nächste Schritt bei der Verkleinerung Ihrer Server ist, nicht einmal einen ganzen Server für sich selbst zu betreiben, sondern ihn mit anderen zu teilen. Shared Hosting ist ein gängiges Angebot der meisten Hosting-Provider.

Aber ist es immer effizienter, wenn sich viele Kunden einen Server teilen, anstatt jeder Anwendung einen eigenen Server zu widmen? Wie mir der Mitbegründer der Positive Internet Company, Nick Mailer, sagte, kommt es darauf an, was Sie brauchen:

> *Wenn Sie die Leistung eines physischen Servers in Anspruch nehmen, wird die "Virtualisierung" die Effizienz nur geringfügig verringern. Wo Virtualisierung effizient wird, ist dort, wo man die Hardware so aufteilen möchte, dass sie die ganze Zeit über so viel Arbeit wie möglich verrichtet: Anstatt also jemandem ein dediziertes Stück Hardware zu geben, das die meiste Zeit im Leerlauf verbringt und den Raum aufheizt, würde man es in virtualisierte Umgebungen aufteilen, so dass, wenn eine VM beschäftigt ist, eine andere brach liegen könnte, und so weiter. Auf diese Weise "quetschen" Sie so viel Potenzial aus der physischen Hardware heraus, wie Sie können, so dass hoffentlich kein Leerlauf stattfindet und nur Strom verschwendet und Däumchen dreht.*

Der Schlüssel ist, sicherzustellen, dass die Server jederzeit gut ausgelastet sind. In einer Präsentation auf der Green Tech South West erklärte Asim Hussain, Green Cloud Advocacy Lead bei Microsoft, dass "je mehr Sie die Hardware nutzen, desto effizienter wird sie": Da der Server auch dann Energie verbraucht, wenn Sie ihn nicht nutzen, erhalten Sie mehr Nutzen für jedes Gramm CO2, das über die Lebensdauer des Servers produziert wird (http://bkaprt.com/swd/05-03/).

Allerdings müssen wir auch darauf achten, dass wir nicht versuchen, zu viel aus einem Server "herauszuquetschen". Tim Nash, ein Platform Lead bei der Hosting-Firma 34SP, sagte mir, dass die Überlastung eines Servers mit zu vielen Applikationen in einer Shared-Umgebung ebenfalls ineffizient ist. Wie Goldlöckchens Brei gibt es beim Shared Hosting einen optimalen Punkt, bei dem wir den Server nicht zu viel und nicht zu wenig belasten, sondern genau im richtigen Maß. Nash sagte, dass Server eine optimale Last haben, bei der sie am effizientesten laufen:

> *Ein Server, der überprovisioniert läuft, wird in blockierenden Prozessen enden, so dass seine hohe CPU- und Speichernutzung konstant wird, wohingegen, wenn die Last auf mehrere Server verteilt wird, diese Blockierung nicht auftreten würde, der Speicher schneller freigegeben wird und die Last insgesamt viel geringer ist.*

Hinzu kommt, dass überlastete Server eine unverhältnismäßig große Menge an Wärme erzeugen. Dies ist eine Verschwendung der Energie der Server, und diese zusätzliche Wärme muss auch abgeführt werden, was eine zusätzliche Belastung für die Kühlsysteme des Rechenzentrums bedeutet.

Natürlich sollten wir auch die Auswirkungen auf die Umwelt berücksichtigen, die die Erstellung der physischen Hardware hat, auf der unsere Anwendungen laufen. Es gilt das gleiche Prinzip, dass nicht ausgelastete Server eine Verschwendung von physischen Ressourcen sind, aber übermäßig ausgelastete Server sind ebenfalls verschwenderisch, da die übermäßige Beanspruchung der Hardware die Wahrscheinlichkeit eines Hardwareausfalls erhöht - und damit die Lebensdauer der Maschine verkürzt, die CO2-Emissionen durch die Produktion neuer Server erhöht und den Elektronikmüll vergrößert.

Die Frage, ob man Shared oder Dedicated Server verwenden sollte, ist also nicht einfach zu beantworten. Wenn wir nur minimale Anforderungen an den Server haben und keinen spezifischen technischen Bedarf an einem eigenen dedizierten Server, dann wird eine Shared-Lösung wahrscheinlich effizienter sein, aber nur, wenn unser Hosting-Unternehmen die Applikationen seiner Kunden auf die Server verteilt, um die Last effektiv auszugleichen. Wenn wir spezielle Anforderungen haben, die darauf hindeuten, dass wir mehr Kontrolle über den Server benötigen, dann brauchen wir vielleicht einen dedizierten Server - aber das wird wahrscheinlich nicht aus Umweltgründen der Fall sein.

Content-Delivery-Netzwerke

Content-Delivery-Netzwerke (CDNs) werden in der Regel zur Verbesserung der Ladezeiten eingesetzt, bieten aber auch unter Effizienzgesichtspunkten eine nützliche Funktion. Ein erheblicher Teil der Energie, die eine durchschnittliche Webseite verbraucht, wird für die Übertragung von Daten durch die Telekommunikationsnetze vom Host zum Endbenutzer aufgewendet, egal wo auf der Welt dieser sich befindet. CDNs verbessern dies, indem sie Assets wie Bilder, Videos und CSS-Dateien näher an den Endbenutzer heranbringen.

Je näher Sie die größten Dateien in Richtung Ihrer Benutzer verschieben, desto weniger *Megabyte-Meilen* müssen die Daten zurücklegen. Ein CDN bringt Ihnen vielleicht nicht viel, wenn sich 99 Prozent Ihrer Nutzer in den Niederlanden befinden und Ihr Webhoster in Amsterdam sitzt, aber wenn Sie eine sehr internationale Nutzerbasis haben, dann ist es sinnvoll, Kopien

Ihrer größten Dateien global zu verteilen, damit diese nicht jedes Mal den ganzen Weg von Amsterdam aus nehmen müssen, wenn sie angefordert werden.

CDNs sind eine großartige Technologie, um das Web effizienter zu machen, aber wir sollten bedenken, dass CDNs, obwohl sie nicht die gleichen Datenverarbeitungsfunktionen wie Standard-Hosting-Dienste übernehmen, selbst Webhosts sind, die eine riesige Menge an Daten speichern und bereitstellen. Sie sollten daher versuchen, Ihren CDN-Anbieter genauso sorgfältig auszuwählen wie Ihren Haupthosting-Anbieter und sicherstellen, dass er sich stark für Nachhaltigkeit einsetzt.

Ein grünes CDN zu finden kann knifflig sein, aber wie alles beginnt es damit, die Anforderung überhaupt zu stellen. Jeder CDN-Anbieter hat ein Vertriebsteam, das nur zu gerne die Tugenden seines Angebots anpreist und nicht zögern wird, Ihnen zu sagen, ob sie sich zu grüner Energie verpflichtet haben. Cloudflare war der erste CDN-Anbieter, der sich in irgendeiner Form zu erneuerbaren Energien verpflichtet hat und kündigte 2019 an, dass er Zertifikate für erneuerbare Energien (RECs) kaufen wird, um "100 % des Stroms zu decken, der in all diesen Rechenzentren und Büros auf der ganzen Welt verbraucht wird" (http://bkaprt.com/swd/05-04/):

> *In Kombination mit unserer Fähigkeit, die Datenmenge, die durch das Internet fließen muss und die Anzahl der Anfragen, die die Server unserer Kunden erreichen müssen, drastisch zu reduzieren, hoffen wir, nicht nur als neutral zu gelten, sondern einen groß angelegten und langfristigen positiven Effekt auf die Nachhaltigkeit des Internets selbst zu haben.*

Wie wir später sehen werden, sind RECs nicht die robusteste Lösung für erneuerbare Energie, aber es ist ein Schritt in die richtige Richtung. Wenn CDN-Anbieter erneuerbare Energie nutzen, dann hat der Service, den sie bei der Reduzierung der Serverlast, der Verringerung der Strecke, die Daten zurücklegen müssen, und der Blockierung von Bots anbieten, einen großen Einfluss auf die Reduzierung der CO2-Emissionen des Webs.

Woher kommt der Strom?

Wir haben untersucht, wie Sie sicherstellen können, dass Ihre Hosting-Lösung so wenig Strom wie möglich verbraucht, aber woher kommt dieser Strom? Laut einem Datensatz der Internationalen Energieagentur aus dem Jahr 2017 werden derzeit nur 23 Prozent des weltweiten Stroms aus erneuerbaren Quellen generiert, während 38 Prozent des Stroms durch Verbrennung erzeugt werden (http://bkaprt.com/swd/05-05/).

Hinzu kommt, dass eine der größten Ansammlungen von Rechenzentren der Welt, die Data Center Alley, mit einigen der umweltschädlichsten Energiequellen der Welt zusammenhängt. Loudoun County im Norden Virginias behauptet, dass 70 Prozent des weltweiten Internetverkehrs durch seine Grenzen fließen (http://bkaprt.com/swd/05-06/). Obwohl Loudoun County die Rechenzentren einiger der größten Technologieunternehmen der Welt beherbergt, von denen sich viele zur Nutzung von grüner Energie verpflichtet haben, erzeugt es nur 5 Prozent seines Stroms aus erneuerbaren Quellen. Laut Greenpeace stammt der Großteil davon aus Kohle und Fracking-Erdgas. Das größte Energieunternehmen der Region, Dominion Energy, hat sich gegen sinnvolle Investitionen in erneuerbare Kapazitäten gewehrt und das anhaltende Wachstum des Energiebedarfs von Rechenzentren genutzt, um erhebliche Investitionen in zusätzliche Infrastruktur für fossile Brennstoffe zu rechtfertigen, darunter 7 Milliarden Dollar für die Atlantic Coast Pipeline (ACP) (http://bkaprt.com/swd/05-07/).

Das sollte uns, die in der Tech-Branche arbeiten, aufhören lassen. Wir brauchen nicht nur öffentliche Erklärungen zum Einsatz erneuerbarer Energien, sondern auch sinnvolle Maßnahmen zur Ökologisierung der Energieinfrastruktur, von der das Internet abhängt. Das Internet ist die größte mit Kohle betriebene Maschine, die je geschaffen wurde. Das muss sich ändern. Wenn wir eine Chance haben wollen, die Klimakrise zu bewältigen, dann muss das gesamte Internet in Rechenzentren gehostet werden, die mit erneuerbarer Energie betrieben werden.

Das ist die Mission der Green Web Foundation. Die Stiftung hat eine umfassende Datenbank von Webhostern erstellt, die sich zur Nutzung von grüner Energie verpflichtet haben (Abb. 5.3). Ihre Daten zeigen, dass 31 Prozent der Websites derzeit "grüne" Hosting-Anbieter nutzen. Das ist ein guter Anfang und diese Zahl steigt, aber wir haben noch einen langen Weg vor uns.

Abb. 5.3: Besuchen Sie die Green Web Foundation und sehen Sie nach, ob grünes Hosting in Ihrer Region verfügbar ist (http://bkaprt.com/swd/05-08/)

Wie grün ist grün?

Kris De Decker betreibt eine Publikation namens Low Tech Magazine und hat eine solarbetriebene Version der Website unter solar.lowtechmagazine.com erstellt. Er hat die Website von Anfang an so konzipiert, dass sie nur minimale Energie verbraucht, was dazu führt, dass sie auf einem Mini-Computer mit der Rechenleistung eines Mobiltelefons laufen kann. Sie benötigt nur 1-2,5 Watt Leistung, die von einer kleinen, netzunabhängigen Photovoltaikanlage auf dem Balkon von Deckers Wohnung in Barcelona geliefert wird.

Natürlich scheint die Sonne nicht immer und das ist ein Problem für Webdienste, von denen wir erwarten, dass sie rund um die Uhr verfügbar sind. Um dieses Problem zu lösen, ist das Solarpanel des Low Tech Magazine mit einer Blei-Säure-Batterie gekoppelt, die überschüssige Energie speichert und die Website auch nachts und an bewölkten Tagen mit Strom versorgt.

Die Website zeigt sogar den Ladezustand der Batterie über einen Hintergrund an, der von gelb (volle Batterie) zu blau (schwache Batterie) wechselt (Abb. 5.4). Gelegentlich, wenn nicht genügend Energie aus dem Solarpanel oder der Batterie zur Verfügung steht, geht die Website offline. Das ist kein Weltuntergang für das Low Tech Magazine, das auch eine konventionell betriebene Version seiner Webseite hat und die Solarversion als Experiment und Lehrmittel betrachtet. Für die Mehrzahl der Webdienste wäre es jedoch ein Problem, und genau deshalb ist die Idee, Rechenzentren mit erneuerbaren Energien zu betreiben, kompliziert.

Abb. 5.4: Die Solarversion des Low Tech Magazine verwendet einen gelben und blauen Hintergrund, um die verfügbare Leistung der Webseite anzuzeigen. Abgedunkelte Bilder helfen, die Dateigrößen klein zu halten.

De Decker weist darauf hin, dass selbst diese Lösung nicht wirklich CO2-frei ist, da das Solar- und Batteriesystem selbst viel Energie für die Herstellung benötigt, was sich negativ auf die Umwelt auswirkt. Er stellt klar, dass die Stromversorgung einer einzelnen Website durch ein spezielles Solarsystem nicht die effizienteste Lösung ist und dass es Skaleneffekte bei der Entwicklung eines Systems zur Stromversorgung einer größeren Anzahl von Webseiten gibt. Darüber hinaus weist er darauf hin, dass die Energie für die

Herstellung der physischen Ausrüstung verdeutlicht, warum es nicht ausreicht, erneuerbare Energie zu verwenden; wir müssen auch versuchen, *weniger* Energie zu verbrauchen (http://bkaprt.com/swd/05-09/).

Die scheinbar einfache Frage "Wie grün ist grün?" ist doch nicht so einfach zu beantworten. Oberflächlich betrachtet bedeutet "grünes Hosting", dass der Server direkt mit erneuerbaren Energieerzeugern wie Solarzellen, Wind- oder Wasserturbinen verbunden ist, ähnlich wie bei der Solar-Website des Low Tech Magazine. Das ist technisch möglich, aber für kommerzielle Rechenzentren höchst ungewöhnlich.

Sicher, es gibt einige Rechenzentren, die Sonnenkollektoren auf dem Dach oder eine eigene Windturbine im Freien haben, aber sie alle haben eine Verbindung zu einem größeren Energienetz, aus dem sie einen erheblichen Teil ihres Stroms beziehen. Elektrische Netze sind entscheidend für die Verteilung und den Ausgleich des Energiebedarfs einer Region, aber wenn es um die Versorgung mit erneuerbarer Energie geht, machen sie die Dinge ein wenig unscharf. Das liegt daran, dass Sie, wenn Sie Energie aus einem gemeinsamen Stromnetz beziehen, nie wirklich wissen, woher die Elektronen, die Sie verwenden, stammen (Abb. 5.5).

Abb. 5.5: Um vom Nirgendwo ins Rechenzentrum zu gelangen, müssen sich erneuerbare Energiequellen das gleiche Energienetz teilen wie mit fossilen Brennstoffen betriebene Quellen. (Foto von Tyler Casey auf Unsplash)

Stellen Sie sich vor, Strom wäre wie Leitungswasser. Ihr örtlicher Wasserversorger könnte mehrere Wasserquellen haben, darunter eine natürliche Mineralquelle, ein Bohrloch, ein mit Regenwasser gefülltes Reservoir und (halten Sie den Atem an...) das aufbereitete Wasser aus Ihrer örtlichen

Kläranlage. Nehmen wir an, sie bieten Ihnen an, Ihnen nur 100 Prozent natürliches Quellwasser für Ihr Haus zu verkaufen. Sie würden vielleicht schnell unterschreiben und sogar gerne einen kleinen Aufpreis zahlen, in der Gewissheit, dass Sie Ihren Durst jetzt nur noch mit Wasser bester Qualität löschen können. Das Wasser, das aus Ihrem Wasserhahn kommt, hätte sich jedoch nicht verändert. Das Einzige, was sich geändert hätte, wäre, dass der Versorger Ihren Verbrauch und Ihre Zahlungen intern das Konto für die Produktion des natürlichen Quellwassers umstellen würde. Das war's. Es hätte sich eigentlich nichts geändert und das Wasser in Ihrem Wasserhahn wäre genau dasselbe. Wenn Ihr lokaler Wasserversorger dies getan hätte, wären Sie berechtigter weise empört.

Nun ja, genau so funktioniert die Elektrizitätsversorgung (http://bkaprt.com/swd/05-10/). Sicher, Sie trinken vielleicht nicht die Emissionen eines Kohlekraftwerks, aber die Auswirkungen der Verbrennung fossiler Brennstoffe sind nur allzu real. Wenn Sie für 100 Prozent erneuerbare Energie bezahlen, erwarten Sie auch 100 Prozent erneuerbare Energie. Diese Lockvogeltaktik lässt Sie vielleicht denken, dass Tarife für erneuerbare Energien und grünes Hosting ein Schwindel sind, und Sie hätten teilweise Recht - aber wir dürfen das Kind nicht mit dem etwas zweifelhaften Bade ausschütten.

Die Wahrheit ist, dass die Stromnetze in der Praxis nur auf diese Weise funktionieren können. Und der Kauf von erneuerbarer Energie - sei es als Einzelperson, als Unternehmen, als Regierung oder als Hosting-Anbieter - hat einen Wert. Zumindest sendet es ein klares Signal an den Energiemarkt, um zu zeigen, dass es eine wachsende Nachfrage nach erneuerbaren Energiequellen gegenüber fossilen Brennstoffen gibt (http://bkaprt.com/swd/05-11/). Im besten Fall geht das Geld, das ein Kunde für Strom ausgibt (z. B. für das Rechenzentrum), an die Eigentümer der erneuerbaren Energieversorgung und hilft ihnen, andere Energieversorger auszustechen und die Gewinne in den Aufbau weiterer erneuerbarer Energien zu reinvestieren (http://bkaprt.com/swd/05-12/). Das hört sich schon besser an!

Zu wissen, was es genau bedeutet, wenn ein Webhoster sagt, dass er grüne Energie verwendet, ist schwer zu entschlüsseln, da einige Energieverträge aussagekräftiger sind als andere. Der beste Weg, um herauszufinden, was das Engagement eines Webhosters für grüne Energie wirklich bedeutet, ist, ihn zu fragen. In der Regel verwendet er eine Kombination der folgenden Arten von Verträgen über erneuerbare Energien:

- **Eigene erneuerbare Energien:** Er erzeugt einen Teil oder die gesamte erneuerbare Energie direkt vor Ort oder zumindest im selben Energienetz. Dies ist die beste Option, da der Hoster die Verantwortung für die *Erzeugung* der für die Stromversorgung des Rechenzentrums benötigte Elektrizität übernommen hat.
- **Finanzierung von neuen erneuerbaren Energien:** Er schließt *Stromabnahmeverträge* mit Energieunternehmen ab, die den Bau neuer erneuerbarer Energiequellen finanzieren sollen. Im Gegenzug erhält er Zugang zur Nutzung dieser Energie, sobald sie verfügbar ist. In der Praxis ist dies vergleichbar mit der ersten Option, auch wenn er die Windturbinen und Solarzellen nicht selbst besitzen.
- **Kauf von erneuerbarer Energie:** Der Hoster kauft Energielieferungen von Erzeugern erneuerbarer Energie, die sich im selben Energienetz befinden. Obwohl er damit nicht dazu beigetragen hat, neue erneuerbare Energiequellen zu schaffen, wird die erneuerbare Energie im selben Netz erzeugt, aus dem das Rechenzentrum Strom bezieht. Eigentlich sollte dies der Mindeststandard für das sein, was als "Nutzung erneuerbarer Energie" bezeichnet werden kann.
- **Kauf von Zertifikaten:** Er kauft *Zertifikate für erneuerbare Energien* (RECs) von Erzeugern erneuerbarer Energien in *anderen* Netzen. Im Grunde geht es darum, Anbieter von erneuerbaren Energien in anderen Regionen oder Ländern, oft ärmeren Ländern, zu finden und ihnen etwas Geld dafür zu zahlen, damit sie sagen, sie hätten den Strom für Sie erzeugt. Dies kann dazu beitragen, erneuerbare Energien in den anderen Ländern profitabler zu machen und diese Märkte zu stimulieren, aber solange sie nicht tatsächlich im selben Netz sind, wird dieser Strom niemals Ihr Rechenzentrum erreichen.
- **CO2-Kompensation:** Der Hoster kauft CO2 Kompensationen, die den Emissionen entsprechen, die durch den nicht aus erneuerbaren Quellen stammenden Strom entstehen, mit dem das Rechenzentrum betrieben wird. In vielen Fällen wird bei der Kompensation einfach jemand anderes dafür bezahlt, seine Emissionen zu reduzieren, damit Sie es nicht tun müssen. Das Problem, dass Rechenzentren mit fossilen Brennstoffen betrieben werden, wird dadurch nicht direkt angegangen, auch wenn es einige andere Vorteile haben kann.

Die meisten der großen Tech-Unternehmen nutzen eine Kombination dieser Methoden, um sich in Richtung dessen zu bewegen, was sie als 100 Prozent erneuerbare Energie ansehen (http://bkaprt.com/swd/05-13/):

- Google behauptet, im Jahr 2017 den Einsatz von 100 Prozent erneuerbare Energie erreicht zu haben und war ein Pionier bei Stromabnahmeverträgen, um die Menge an verfügbaren erneuerbaren Strom in den von ihnen genutzten Netzen zu erhöhen. In der Praxis stammen jedoch nur etwa 40 Prozent ihres Stroms aus erneuerbaren Quellen direkt im selben Netz; in Teilen der Welt, in denen es keine ausreichende Kapazität von Strom aus regenerativen Quellen im lokalen Netz gibt, ist Google weiterhin auf den Kauf von RECs angewiesen.
- Microsoft behauptet auch, 100 Prozent Strom aus regenerativen Quellen erreicht zu haben, wobei 60 Prozent aus der Einspeisung in das gleiche Netz und die restlichen 40 Prozent aus RECs stammen.
- Amazon hat sich bereits 2014 verpflichtet, auf 100 Prozent Strom aus erneuerbaren Energiequellen umzusteigen, aber die genauen Details sind vage. Greenpeace hat Amazon vorgeworfen, diese Verpflichtung aufzugeben, da sie ihre Rechenzentrumskapazität in Virginia um 59 Prozent erweitert haben, ohne zusätzliche erneuerbare Kapazitäten hinzuzufügen.

Es ist ein Schritt in die richtige Richtung, und jede Verbesserung ist ein Fortschritt, aber wir haben noch einen langen Weg vor uns, bis die Dienste der großen Tech-Unternehmen *wirklich* zu 100 Prozent mit erneuerbarer Energie betrieben werden.

Wann scheint die Sonne?

Der Zeitpunkt, an dem Energie erzeugt wird, muss mit dem Zeitpunkt des Energieverbrauchs abgestimmt werden. Leider scheint die Sonne nicht immer und der Wind weht ebenfalls nicht durchgehend. Es ist daher einfacher, den Verbrauch mit fossil befeuerten Turbinen zu decken, als mit Solar- oder Windenergie.

Google hat diese Diskrepanz offen eingeräumt und damit begonnen, zu überwachen, wie gut ein Rechenzentrum auf Stundenbasis mit CO2-freier Energie versorgt wird. Ziel ist es, sicherzustellen, dass das lokale Netz genügend erneuerbare Energie für Googles Rechenzentren liefern kann, nicht nur im Jahresdurchschnitt, sondern auf Stundenbasis (http://bkaprt.com/swd/05-14/). In einem Diskussionspapier zeigt das Unternehmen mit seinem Rechenzentrum in Hamima, Finnland, als Fallstudie, wie dies erreicht werden kann. Das Hamima-Rechenzentrum erreicht bei einer stundenweise Betrachtung bereits 97 Prozent erneuerbare

Energieversorgung aus dem lokalen Netz. Dies wurde erreicht, indem Stromabnahmeverträge für mehr Windenergie abgeschlossen wurden, als das Rechenzentrum benötigt, wodurch die Wahrscheinlichkeit verringert wird, dass jemals zu wenig erneuerbare Energie im lokalen Netz verfügbar ist, um das Rechenzentrum zu versorgen. Infolgedessen hat Google oft einen Überschuss an erneuerbarer Energie, den es an das Netz in Finnland zurück verkaufen kann.

Das ist ein großartiger Anfang, aber die Skalierung ist eine Herausforderung - zum Teil wegen der Kosten für den Aufbau von mehr erneuerbarer Kapazität, als das Rechenzentrum verbraucht, und auch wegen der Tatsache, dass sich einige Teile der Welt stärker auf Solarenergie verlassen, die nachts keinen Strom erzeugt. Das Beispiel des Low Tech Magazine, das eine Batterie verwendet, um Engpässen der Solarstromerzeugung bei der Stromversorgung der Webseite auszugleichen, gibt uns einen Einblick wie dieses Problem in die Zukunft gelöst werden kann.

Alle Rechenzentren verfügen derzeit über Backup-Generatoren, die mit Kerosin oder Diesel betrieben werden. Diese Generatoren werden im Falle eines Stromausfalls hochgefahren, um die Webdienste der Kunden weiter verfügbar zu halten. Sie müssen in naher Zukunft durch eine Alternative ersetzt werden, die nicht von fossilen Brennstoffen abhängig ist, und hier kommen Batterien ins Spiel. Microsoft investiert bereits stark in Batterietechnologie für seine Rechenzentren und testet auch Wasserstoff-Brennstoffzellengeneratoren, die theoretisch Wasserstoff verwenden könnten, der mit überschüssiger erneuerbarer Energie erzeugt wird (http://bkaprt.com/swd/05-13/).

Um Rechenzentren wirklich mit 100 Prozent erneuerbarer Energie zu versorgen, brauchen wir Batterie- oder Brennstoffzellensysteme, die groß genug sind, um Stromerzeugung und -bedarf über Nacht oder sogar über mehrere Tage auszugleichen. Das geschieht bereits. Switch Data Centers gab Mitte 2020 bekannt, dass sie einen Vertrag mit Tesla über die Bereitstellung von 800 MWh Batteriespeicher in Verbindung mit 550 MW neuer Solarenergiekapazität in Nevada unterzeichnet haben (http://bkaprt.com/swd/05-15/). Das ist genug Batteriekapazität, um die Fahrzeuge mit der größten Reichweite von Tesla mit Strom zu versorgen und drei Millionen Meilen zu fahren.

Die Kopplung von Rechenzentren mit groß angelegter erneuerbarer Energieerzeugung und Batteriespeichern ist eine große Umstellung und erfordert beträchtliche Investitionen, aber sie könnte sehr profitabel sein. Sie kann Rechenzentren nicht nur dabei helfen, kostengünstige erneuerbare Energien zu erwerben, sondern würde es Rechenzentren auch ermöglichen, aus der Tatsache Kapital zu schlagen, dass ihre eigenen Energienutzungsmuster sehr vorhersehbar sind. Sie werden in der Lage sein, große Mengen an billiger erneuerbarer Energie zu kaufen, wenn es einen Überschuss im Netz gibt, und diese dann in Zeiten der Knappheit zu nutzen, wenn die Energie im Netz viel teurer ist.

Einige kommerzielle und häusliche Anwendungen setzen bereits Batteriespeichersysteme ein, die KI nutzen, um Energiebedarf und Energiepreise vorherzusagen (http://bkaprt.com/swd/05-16/). Das Clevere daran ist, dass Batterien nicht nur die Speicherung von Energie ermöglichen, sondern auch den Verkauf von Strom zurück ins Netz. So kann Strom durch KI in Echtzeit gehandelt werden und von Ungleichgewichten bei Angebot und Nachfrage profitieren. Es ist sicher nur eine Frage der Zeit, bis die Tech-Industrie daraus Kapital schlägt, nicht nur um eine 100-prozentige Versorgung mit erneuerbaren Energien zu erreichen, sondern auch um viel Geld zu verdienen.

Auf Grün setzen

Webhosting ist ein zentraler Teil des Internets und damit auch ein zentraler Teil seiner Umweltauswirkungen. Obwohl die Feinheiten des grünen Hostings komplex sind, sind die grundlegenden Konzepte von grüner Energie und hoher Energieeffizienz leicht zu verstehen und der Prozess des Hosterwechsels ist im Allgemeinen recht einfach. Die Wahl eines grünen Hosters ist daher eine der einfachsten Maßnahmen zur Schaffung nachhaltigerer Webdienste.

Wir sollten auch daran denken, dass die Prinzipien des grünen Hostings nicht nur für die Hoster gelten, die wir für unsere Hauptanwendungen auswählen, sondern für alle Webdienste, von denen unsere Anwendungen abhängen. Wenn wir ein CDN verwenden, Videos hosten oder einen Drittanbieter für Zahlungen nutzen, sollten wir darauf achten, Dienste mit einem starken Engagement für Nachhaltigkeit in ihrer eigenen Hosting-Infrastruktur auszuwählen.

6. NACHHALTIGES WEB-DESIGN VERKAUFEN

Ich wünschte, ich könnte sagen, digitale Nachhaltigkeit verkauft sich von selbst. Denn wer würde sich nicht wünschen, dass seine Webprojekte nachhaltig sind?

Wenn wir Dinge für uns selbst entwerfen und bauen, können wir Nachhaltigkeit so viel Beachtung schenken, wie wir wollen. Viele von uns arbeiten jedoch an digitalen Projekten für Kunden oder für unsere Arbeitgeber, und Nachhaltigkeit steht selten im Briefing.

Dafür gibt es mehrere Gründe. Das Bewusstsein für Nachhaltigkeit im Internet als Konzept ist erschreckend gering. Selbst unter umweltbewussten ITlern ist die Tatsache, dass das Internet und der Klimawandel überhaupt etwas miteinander zu tun haben, oft etwas völlig Neues. Der andere Grund ist, dass selbst wenn die Leute darüber Bescheid wissen, sie dazu neigen, es nicht als hohe Priorität zu sehen. Ihnen gefällt vielleicht die Idee, dass ihre Webdienste nachhaltiger sind, aber niedrige Kosten und Ästhetik haben oft Vorrang.

Wie können wir unsere Kunden, Arbeitgeber und Kollegen dazu bringen, nachhaltiges Webdesign zu verfolgen? Das sehen wir uns im Folgenden an.

Sei ein Champion

Der erste Schritt, um nachhaltiges Webdesign zu verkaufen, ist, dass Sie sich selbst dafür einsetzen. Wenn sich Nachhaltigkeit von selbst verkaufen würde, dann würden wir bereits in einer utopischen Kreislaufwirtschaft leben, die vollständig mit erneuerbaren Energien betrieben wird. Aber das tut sie nicht, und deshalb müssen Sie die Person sein, die das Thema auf die Tagesordnung setzt und sagt: "Darüber lohnt es sich zu reden."

Als Nachhaltigkeits-Champion werden Sie vielleicht überrascht sein, wie sehr Ihre Begeisterung auf andere abfärben kann. Die Dinge werden sich vielleicht nicht über Nacht ändern, aber Nachhaltigkeit ist ein langwieriges Spiel und in der Masse liegt die Kraft. Je mehr von uns sich lautstark für die

Sache einsetzen, desto schneller wird sich in den Köpfen der Menschen verankern, dass Nachhaltigkeit ein wichtiges Thema ist.

Wenn Sie es an Kunden verkaufen wollen, fangen Sie damit an, es einfach regelmäßig in Gespräche einzubauen, zunächst vorsichtig, um zu prüfen, wie sie reagieren. Wenn Sie versuchen, das Interesse Ihres Chefs oder Ihrer Kollegen zu wecken, ist der erste Schritt, das Konzept in ihren Köpfen zu verankern, indem Sie offen darüber sprechen, da es Ihnen am Herzen liegt.

Belassen Sie es aber nicht nur bei Gesprächen. Nutzen Sie alle Kanäle, die Ihnen zur Verfügung stehen, um über Nachhaltigkeit in Bezug auf die Arbeit im Internet zu sprechen, sei es durch Vorträge auf Konferenzen, Blogbeiträge, Artikel oder über die sozialen Medien (Abb. 6.1). Das alles hilft, die Saat zu legen.

Abb. 6.1: Als ich auf dem WordCamp Europe 2017 präsentierte, schien niemand etwas von nachhaltigem Webdesign gehört zu haben. (Videobild von WordPress.tv.)

Lösen Sie die Probleme der Menschen

Menschen zu motivieren, wirklich etwas zu unternehmen, ist der schwierige Teil. Wenn Sie versuchen, Kunden für Nachhaltigkeit in Ihren gemeinsamen Projekten zu begeistern, denken Sie an die Grundprinzipien, die für den Verkauf *jedes* Aspekts eines Webprojekts gelten. Der Kunde gibt sein Geld nicht aus reiner Herzensgüte oder für ein Hobbyprojekt aus - er hat reale Geschäftsziele, die er zu erreichen versucht. Selbst wenn dem Kunden die

Umwelt am Herzen liegt, wird er digitale Nachhaltigkeit nicht als relevant für sein Projekt ansehen, es sei denn, Sie können ihm zeigen, wie sie mit seinen Zielen übereinstimmt. Das gilt nicht nur für externe Kunden, sondern auch für interne Teams, die an digitalen Produkten arbeiten, bei denen die Unternehmensleitung quasi der Kunde ist.

Ben Clifford, der die auf Ökologie ausgerichtete Web-Agentur Erjjio Studios betreibt, erzählte mir, dass er das Thema in seiner Arbeit wie folgt wahrnimmt:

> *Selbst für Kunden, die stark an Nachhaltigkeit interessiert sind, ist diese leider nicht immer die wichtigste Überlegung - insgesamt haben Design, Funktionalität, Kosten, Komfort und Zuverlässigkeit immer noch die höchsten Prioritäten, und manchmal geht dies auf Kosten der Nachhaltigkeit.*

Wir haben bei Wholegrain Digital eine ähnliche Erfahrung gemacht: Nachhaltigkeit steht selten (wenn überhaupt) ganz oben auf der Prioritätenliste des Kunden. Wir haben festgestellt, dass der Schlüssel zum Erfolg nicht darin liegt, zu versuchen, "nachhaltiges Webdesign" zu verkaufen, sondern dem Kunden das zu verkaufen, was er wirklich will. Konzentrieren Sie sich zuerst darauf, die spezifischen Probleme des Kunden anzugehen und nutzen Sie Nachhaltigkeit als Werkzeug, um diese Probleme zu lösen. Da nachhaltiges Webdesign so viele Vorteile hat, ist es fast immer möglich, etwas zu finden, das auf der Prioritätenliste des Kunden ganz oben steht - wie SEO, Konversionsraten oder Barrierefreiheit - und das den Weg für die Verfolgung nachhaltigerer Lösungen ebnen kann.

Die Digitalagentur Mightybytes bietet bereits seit 1998 nachhaltige Webdesign-Services an und CEO Tim Frick erzählte mir, dass er zu demselben Schluss gekommen ist:

> *Im Laufe der Zeit haben wir unsere Vertriebsbotschaft weiterentwickelt. Während der Aspekt der Umweltfreundlichkeit bei den Kunden nicht gut ankam, tat dies der Aspekt der Leistung, insbesondere wenn sie daran erinnert wurden, dass die meisten Benutzer eine langsame Webseite verlassen. Die Gleichsetzung der Website-Performance mit dem Ergebnis erwies sich als gute Triebfeder für die Einführung dieser Praktiken. Die Reduzierung der Treibhausgasemissionen von Webseiten ist für uns als Agentur eine Priorität, daher haben wir nachhaltige Webdesign-Praktiken einfach in den Prozess der Erstellung aller Kunden-Websites integriert.*

Der Trick ist, herauszufinden, was dem Kunden wirklich wichtig ist, und dies als Hebel zu nutzen, um nachhaltigere Lösungen zu liefern. Hier sind einige Beispiele, die Ihnen helfen, nachhaltiges Webdesign für Ihre Kunden interessant zu machen:

- **Benutzererfahrung:** Viele Webseiten-Betreiber sind sich der Bedeutung einer guten UX für hohe Konversionsraten, hohe Kundenzufriedenheit und eine positive Markenwahrnehmung bewusst. Durch die Priorisierung von optimierten, intuitiven User Journeys, schnellen Ladezeiten und Offline-Funktionen können wir großartige Erlebnisse für unsere Nutzer schaffen, egal wo sie sich befinden. Dies führt zu besseren kommerziellen Ergebnissen für den Webseiten-Besitzer *und* reduziert dabei den CO2-Ausstoß.
- **SEO:** Die meisten Webseiten-Betreiber arbeiten an ihren Suchmaschinen-Rankings und nachhaltiges Webdesign kann dabei helfen. Google verwendet die Ladegeschwindigkeit als Ranking-Faktor in seinen Suchergebnissen, wobei schnellere Webseiten einen kleinen Vorteil haben. Das Streben nach Effizienz im Webdesign- und -entwicklungsprozess sorgt für eine gute Web-Performance und hilft daher, das Ranking in den Suchmaschinen zu verbessern.
- **Barrierefreiheit:** Barrierefreiheit ist ein Schlüsselthema, das jede Organisation ernst nehmen sollte, besonders aber diejenigen, die Randgruppen bedienen. Öffentliche Einrichtungen, NGOs und Organisationen, die in Entwicklungsländern tätig sind, müssen sich besonders darum kümmern. Wenn die Zielgruppe nicht auf die Webseite zugreifen kann - sei es aufgrund schlechter Verbindungen, langsamer Geräte oder hoher Datenkosten - dann spielt es keine Rolle, wie gut die Webseite in anderer Hinsicht ist. Mit Nachhaltigkeit im Fokus bei all unseren Projekten können wir dazu beitragen, Dienste zu liefern, die für ein breiteres Publikum zugänglich sind.
- **Sicherheit:** Für Unternehmen, die der Sicherheit eine hohe Priorität einräumen, kann der Einsatz von Lösungen wie Firewalls und statischer Webtechnologie einen zusätzlichen Schutz bieten und gleichzeitig den CO2-Ausstoß reduzieren.
- **Uptime:** Es ist offensichtlich, aber Webseiten können ihren Zweck nur erfüllen, wenn sie online sind. Uptime ist daher für jede Webseite wichtig, aber für einige ist sie absolut kritisch. Wenn der Kunde seine Webseite als ein Spiegelbild seiner Marke sieht, dann möchte er sicherstellen, dass sie immer online ist und einen guten Eindruck auf die Welt macht. Wenn die Webseite E-Commerce-Elemente hat, dann können

Ausfallzeiten buchstäblich Geld in Form von entgangenen Umsätzen kosten. Und für öffentliche Informations-Webseiten, insbesondere für solche, die gefährdeten Menschen dienen, ist die ständige Erreichbarkeit unerlässlich. Die Priorisierung der Ausfallsicherheit durch Ansätze wie CDNs, statische Webtechnologie und Offline-Funktionalität kann die Interessen des Kunden direkt unterstützen.

- **Hosting-Kosten:** Für Websites mit hohem Traffic kann das Webhosting zu einem großen Kostenfaktor werden. Mit steigendem Traffic kann die Infrastruktur, die zur Bewältigung der hohen Serverlast und Bandbreitennutzung erforderlich ist, sowohl eine technische als auch eine finanzielle Belastung für das Projekt werden. Viele der Ansätze des nachhaltigen Webdesigns helfen, indem sie die Serverlast und die Menge der an jeden Benutzer übertragenen Daten minimieren.

Um den Kunden zu einem Wechsel zu einem grünen Hosting-Anbieter zu überzeugen, werden die genannte Ziele in der Regel nicht hinreichend sein. In den meisten Fällen ist der Wechsel zu einem anderen Hoster jedoch eine relativ einfache Angelegenheit, und es gibt keinen Kostenaufschlag für das Hosting bei einem grünen Anbieter, also gibt es keinen Nachteil. Auf der anderen Seite hat der Kunde den Vorteil, dass er angeben kann, dass seine Webseite auf Servern läuft, die mit erneuerbaren Energien betrieben werden, und dass seine Webseite bei Messungen mit Tools wie Ecograder, Website Carbon Calculator und der Datenbank der Green Web Foundation positiv auffällt.

Ein besseres Team aufbauen

In einem Bericht aus dem Jahr 2019 hat die unabhängige Denk-fabrik Doteveryone herausgefunden, dass eine beträchtliche Anzahl hochqualifizierter Menschen in der Tech-Branche Jobs aufgibt, von denen sie glauben, dass sie negative Folgen für Menschen und die Gesellschaft haben könnten - und das zu erheblichen Kosten für ihre Arbeitgeber. Der Bericht ergab, dass 63 Prozent der Tech-Mitarbeiter angaben, dass sie gerne mehr Gelegenheit hätten, über ethische Fragen in ihren Projekten zu sprechen, und 78 Prozent würden sich mehr Zeit bei der Umsetzung wünschen, die ihnen dies überhaupt ermöglicht. (http://bkaprt.com/swd/06-01/, PDF).

Eines haben alle Organisationen gemeinsam: Die Menschen sind ihr größtes Kapital. Die Entwicklung einer Unternehmenskultur, in der Themen wie der Klimawandel offen diskutiert werden und Teams befähigt werden, gute Entscheidungen zu treffen, erfordert Investitionen - aber es ist eine Investition, die sich leicht durch die Mitarbeiterbindung auszahlen wird. Wenn Sie versuchen, Ihrem Chef Nachhaltigkeit im Web zu verkaufen, ist dies wahrscheinlich eines der stärksten Argumente, das Sie vorbringen können.

Organisationen sollten auch über die indirekten Vorteile des Aufbaus einer solchen Kultur nachdenken, wie z. B. die reduzierten Kosten für die Personalbeschaffung und die Möglichkeit, mehr Talente zu gewinnen. Organisationen, die einen vorausschauenden Ansatz für die Nachhaltigkeit im Web verfolgen, können leichter Talente für digitale Teams gewinnen und an sich binden, wodurch sich das Mitarbeiterpotenzial in ihrer Organisation erhöht und die Kosten und Umbrüche durch Personalwechsel reduziert werden.

In dieser Zeit, in der der Klimawandel das existenzielle Problem unserer Generation ist, verleiht die Einbettung nachhaltiger Praktiken in den Kern unserer Arbeit dem, was wir tun, einen echten Sinn - was auch immer das sein mag. Es kann einen Funken in den Menschen entfachen, der sie anspornt, jeden Tag ihr Bestes zu geben. Und wenn Menschen ihr Bestes geben, gedeihen die Organisationen, für die sie arbeiten.

Meine Kollegin Rachael Blair hat es schön auf den Punkt gebracht: "Die Menschen wollen heute nicht nur einen 'Job', sondern Teil von etwas Größerem sein, eine Arbeit tun, an die sie wirklich glauben und eine positive Veränderung in der Welt bewirken." (http://bkaprt.com/swd/06-02/).

Von Regierungsmaßnahmen profitieren

Egal, ob wir versuchen, unseren Kunden oder unseren Kollegen nachhaltiges Webdesign zu verkaufen, es lohnt sich, darüber nachzudenken, dass die Einstellungen und Handlungen von Regierungen einen echten Anreiz bieten können vorauszuplanen.

Beschaffung

Wie ich in Kapitel 1 erwähnt habe, sind Regierungen die größten Einzelkunden für Produkte und Dienstleistungen in jedem Land, und sie haben das

Potenzial, die Märkte durch ihre Beschaffungsentscheidungen zu beeinflussen. Auch wenn es noch nicht geschehen ist, wird es mit der steigenden Bedeutung des Klimawandels auf der globalen politischen Agenda eine Frage des *Wann* und nicht des *ob* sein, dass Nachhaltigkeit als Kriterium bei der Beschaffung digitaler Dienstleistungen eingeführt wird.

Im Jahr 2020 veröffentlichte die Flaggschiff-Initiative "Next Generation Internet" (NGI) der Europäischen Kommission einen Bericht darüber, wie Europa eine umweltfreundlichere und stärker digital vernetzte sozioökonomische Politik schaffen kann, in dem es heißt:

> *Auch wenn das Verbraucherverhalten einen nicht unerheblichen Anteil hat, geben öffentliche Einrichtungen wie nationale und lokale Regierungen jedes Jahr Milliarden von Euro für Internettechnologie aus. Diese Einrichtungen beschaffen digitale Technologien in einem so enormen Umfang, dass selbst kleine Änderungen in der Strategie und der Gültigkeitsdauer von Richtlinien die Umweltauswirkungen drastisch reduzieren könnten. (http://bkaprt.com/swd/06-03/, PDF)*

In jedem Land ist die Regierung einer der größten Abnehmer von IT-Dienstleistungen, was sie in die Lage versetzt, nicht nur ihre politische, sondern auch ihre finanzielle Macht einzusetzen, um die Praktiken der Branche zu beeinflussen. Wir sprechen hier von einer beträchtlichen Summe an Finanzmitteln; im Jahr 2020 sind im Budget der US-Bundesregierung *87 Milliarden Dollar* für Informationstechnologie vorgesehen (http://bkaprt.com/swd/06-04/, PDF). Stellen Sie sich vor, jeder einzelne Vertrag würde die Anforderung enthalten, dass Unternehmen ihre Daten zum CO2-Fußabdruck vorlegen müssen und eine CO2-Bilanzierung für digitale Projekte vorschreiben. Wir würden sehr schnell erleben, dass Nachhaltigkeit einen hohen Stellenwert auf der Agenda der Tech-Industrie einnehmen würde.

Wenn Regierungen damit beginnen, Nachhaltigkeit als Beschaffungskriterium für digitale Dienstleistungen aufzunehmen, werden Organisationen, die Nachhaltigkeit bereits in ihrer Arbeit verankert haben, einen erheblichen Vorteil bei der Vergabe von Regierungsaufträgen haben. Wenn Sie an Projekten im oder für den öffentlichen Sektor arbeiten, dann ist dies etwas, das Sie ernst nehmen sollten. Wenn Sie jetzt proaktiv handeln und der Konkurrenz einen Schritt voraus sind, werden Sie sich in eine starke Position bringen, um später Regierungsaufträge zu gewinnen.

Regulierungen

Wenn das staatliche Beschaffungswesen das Zuckerbrot ist, dann sind Regulierungen die Peitsche. Die Nachhaltigkeit des Internets mag derzeit noch nicht Teil spezifischer staatlicher Vorschriften sein, so wie es die Barrierefreiheit im Internet in einigen Ländern ist, aber es gibt gute Gründe davon auszugehen, dass dies geschehen wird. Da die von Internetdiensten verursachten Emissionen rapide ansteigen, werden die Regierungen ohne eine Form entgegenwirkender Umweltregulierungen Schwierigkeiten haben, ihre Verpflichtungen aus dem Pariser Abkommen zu erfüllen. Die Frage ist nur, welche Form diese Regulierungen annehmen werden.

Es gibt viele Möglichkeiten: die direkte Durchsetzung von Nachhaltigkeitsstandards in digitalen Projekten, die Kennzeichnung digitaler Produkte hinsichtlich ihrer Energieeffizienz und ihres CO2-Fußabdrucks (wie es in vielen Ländern bereits für Fahrzeuge und Elektrogeräte der Fall ist), die Festlegung von Grenzwerten für die Menge und Art der von Rechenzentren und Telekommunikationsnetzen verbrauchten Energie und vieles mehr.

Selbst wenn es nie zu Umweltvorschriften speziell für den digitalen Sektor kommt, können wir ziemlich sicher sein, dass die allgemeinen Vorschriften für CO2-Emissionen strenger werden und alle Sektoren direkt oder indirekt betreffen. Dies könnte in Form von harten Grenzwerten oder einer Art CO2-Steuer geschehen.

Genau wie bei der staatlichen Beschaffung werden die Unternehmen, die einen Schritt voraus sind, einen inhärenten Wettbewerbsvorteil haben, wenn es soweit ist. Tommy Ricketts, CEO des Dekarbonisierungsunternehmens BeZero, erzählte mir, dass er seinen Kunden klarmacht, dass sie nur zwei Möglichkeiten haben: jetzt zu handeln und eigene Lösungen für die unvermeidliche Regulierung zu entwickeln, oder zu warten, bis die Regierung Sie zum Handeln zwingt - dann wird es ein plötzlicher, teurer und disruptiver Übergang sein, bei dem die Regierung den Ton angibt und nur wenige positive kommerzielle Aspekte für Sie zu erwarten sind.

Was davon klingt ansprechender? Dies könnte ein überzeugendes Argument sein, das Sie gegenüber der Geschäftsführung Ihres Unternehmens oder sogar gegenüber Ihren Kunden vorbringen können. Es ist ein kluger Schachzug, der staatlichen Regulierung einen Schritt voraus zu sein.

Ein Alleinstellungsmerkmal?

Egal, ob Sie für ein Unternehmen arbeiten, das digitale Produkte herstellt, oder für eines, das Web-Design und -Entwicklungsdienstleistungen für andere Organisationen anbietet, die Wahrscheinlichkeit ist groß, dass Sie in einem wettbewerbsintensiven Markt tätig sind und immer nach einer Möglichkeit suchen, Ihr Angebot zu differenzieren. Dies könnte ein überzeugendes Argument sein, um Ihren Chef davon zu überzeugen, das Thema Nachhaltigkeit im Web ernst zu nehmen. Selbst wenn sie sich nicht direkt für das Thema interessieren, könnten sie von der Möglichkeit eines Wettbewerbsvorteils begeistert sein.

Allerdings bin ich aus zwei Gründen vorsichtig, dies als Ansatz für den Verkauf von nachhaltigem Webdesign innerhalb Ihres Unternehmens zu empfehlen.

Erstens ist, wie ich in Kapitel 1 erwähnt habe, Greenwashing eine erhebliche Bedrohung für Klimalösungen. Wenn Organisationen "grüne" Behauptungen aufstellen, um sich selbst gut aussehen zu lassen, sich aber nicht wirklich um die Probleme kümmern, ist das schlimmer als nichts zu tun. Es erzeugt in der Öffentlichkeit ein falsches Gefühl der Sicherheit, dass Fortschritte gemacht werden, obwohl dies oft nicht der Fall ist. Darüber hinaus verwirren irreführende Informationen sowohl Mitarbeiter als auch Kunden und führen zu einem Gefühl der Desillusionierung über die Themen, die wirklich wichtig sind. Nachhaltiges Webdesign sollte nur dann als Alleinstellungsmerkmal genutzt werden, wenn sich die Menschen in Ihrem Unternehmen wirklich für die Probleme interessieren, sich dafür einsetzen, sie mit echten Lösungen anzugehen, und bereit sind, ehrlich über den Erfolg oder Misserfolg dieser Initiativen zu kommunizieren.

Zweitens ist es zwar in vielerlei Hinsicht positiv und aufregend, dass sich die Menschen jetzt für Organisationen interessieren, die sich der Nachhaltigkeit verschrieben haben, aber es macht mir auch Sorgen. Nachhaltigkeit sollte keine Nische oder Novum sein. Wir müssen eine Welt schaffen, in der Nachhaltigkeit der Standard ist, nicht die Ausnahme. Ein CO2-armes Webdesign sollte kein Alleinstellungsmerkmal sein - es sollte der Industriestandard sein.

Kurzfristig wird nachhaltiges Design als Unterscheidungsmerkmal für Organisationen dienen, die es von ganzem Herzen annehmen. Aber wir sollten auf eine Zukunft hinarbeiten, in der nachhaltige Praktiken nicht mehr so selten sind, dass sie uns von der Masse abheben.

Wir haben nichts zu verlieren

In einem populären Cartoon, den Joel Pett für USA Today (http://bkaprt.com/swd/06-05/) gezeichnet hat, steht ein Redner auf einem Klimagipfel vor einem Bildschirm und listet die Vorteile von umweltfreundlichem Handeln auf: "Energieunabhängigkeit, sauberes Wasser, saubere Luft, gesunde Kinder, etc." Ein Mann im Publikum steht auf und fragt: "Was ist, wenn es ein großer Schwindel ist und wir umsonst eine bessere Welt schaffen?"

Was, wenn dieses Buch ein großer Schwindel ist und das Internet gar nicht zum Klimawandel beiträgt? Dann haben Sie die ganze Zeit damit verbracht, über nachhaltige Webdesign-Prinzipien zu lesen, die uns helfen, ein schnelleres, zugänglicheres, angenehmeres, einfacher zu bedienendes und widerstandsfähigeres Internet zu schaffen. Wäre das so schlimm?

7. DAS INTERNET IN EINEM SICH ÄNDERNDEN KLIMA

Der Klimawandel ist bereits da und er wirkt sich bereits auf die Zuverlässigkeit des Internets aus. Es ist wichtig für uns zu erkennen, dass dies erst der Anfang ist. Aufgrund eines Phänomens, das als *climate lag* bezeichnet wird, wirken sich Emissionen nicht sofort auf das Klima des Planeten aus. James Hansen, Klimawissenschaftler und ehemaliger Direktor des Goddard-Instituts für Weltraumstudien der NASA, schätzt die typische Verzögerung des Klimawandels auf fünfundzwanzig bis fünfzig Jahre (http://bkaprt.com/swd/07-01/). Das bedeutet, dass wir heute die Auswirkungen der Emissionen erleben, die in den 1970er bis 1990er Jahren entstanden sind. Selbst wenn wir heute aufhören, Treibhausgase zu emittieren, steht fest, dass sich der Klimawandel in den nächsten Jahrzehnten deutlich verschlimmern wird, da wir in den letzten Jahrzehnten bereits große Mengen an Treibhausgasen emittiert haben. Dem werden wir nicht entkommen.

Wir entwickeln derzeit Anwendungen für das Web mit der Annahme, dass das Internet immer nur besser werden wird als es jetzt ist, und zwar für alle. Doch ein Großteil der Infrastruktur, auf die wir für Internetdienste angewiesen sind, wurde nie mit Blick auf den Klimawandel entwickelt.

Wir müssen daher sicherstellen, dass das Internet so konzipiert ist, dass es auch in einer sich verändernden und weniger gastlichen Welt funktioniert. Da wir einer aufregenden Zukunft mit KI, VR und jedem erdenklichen vernetzten Objekt entgegensehen, müssen wir vorausplanen und Resilienz priorisieren, *bevor* wir sie brauchen.

Wasser, Wind und Wärme

Die Londoner Docklands, die sich entlang der Themse in London erstrecken, sind das Epizentrum der Internetdaten, die durch, in und aus dem Vereinigten Königreich fließen. Sie beherbergen eine Reihe von großen Rechenzentren und Knotenpunkten (points of presence, Anm. d. Übers.), an denen einzelne Rechenzentren mit dem weltweiten Internet verbunden sind. Außerdem besteht hier ein ernsthaftes Überschwemmungsrisiko durch den Anstieg des Meeresspiegels (Abb. 7.1). Nick Mailer erzählte mir, dass er sich die Docklands ansah, bevor er sich entschied, sein Rechenzentrum stattdessen auf einem höher gelegenen Gelände in Cambridgeshire anzusiedeln:

> *Die Docklands liegen in einem Überschwemmungsgebiet und nur dank des Themse Sperrwerks wird es nicht überflutet. Aber das Themse-Sperrwerks ist nicht unfehlbar, schon gar nicht, wenn der Meeresspiegel steigt. Uns ist aufgefallen, dass sich in den Untergeschossen der Rechenzentren im Londoner Dockland eine ganze Reihe von Notstromaggregaten befinden, deren Lüftungsöffnungen mit Gittern versehen sind. Wir haben uns bildlich vorgestellt, was passieren würde, wenn das Gebiet überflutet würde und wir waren nicht beruhigt. In der Tat sind die Docklands die Internet-"Schaltzentrale" Großbritanniens. Sollten die Londoner Docklands beschädigt oder abgeschaltet werden, hätte das katastrophale Folgen für das britische Internet.*

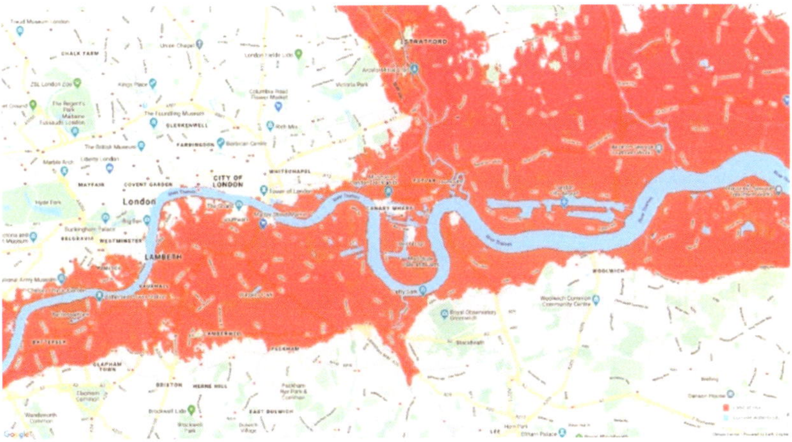

Abb. 7.1: Projizierte Hochwasserstände im Jahr 2050 in einem moderaten Szenario, mit den Londoner Docklands in der Mitte. Karte generiert über Climate Central (http://bkaprt.com/swd/07-02/).

Der Meeresspiegel wird nicht nur Rechenzentren beeinflussen, sondern auch die Kabel, die uns mit dem Internet verbinden. Eine Studie der University of Oregon und der University of Wisconsin-Madison untersuchte die Internet-Infrastruktur in den USA und fand heraus, dass in den nächsten fünfzehn Jahren wahrscheinlich 4.067 Meilen an Glasfaser-Internetkabeln dauerhaft unter Wasser stehen werden und 1.101 Knotenpunkte (Points of Presence und Colocation-Center) vom Meerwasser umgeben sein werden (http://bkaprt.com/swd/07-03/, PDF). Und das nur in den Vereinigten Staaten. Natürlich wird das nicht über Nacht passieren, aber auf lange Sicht könnte es die Leistung und Zuverlässigkeit des Internets, auf das wir angewiesen sind, beeinträchtigen.

Die Risiken von Küstenüberflutungen durch den steigenden Meeresspiegel werden durch Stürme, die das Meer ins Landesinnere treiben, noch verschärft. Diese Stürme nehmen an Häufigkeit und Stärke zu und bringen kräftige Winde mit sich, die andere Internet-Infrastrukturen bedrohen, wie z. B. Mobilfunkmasten und die Stromversorgung von Rechenzentren.

Und das alles, bevor wir überhaupt die grundlegende Tatsache erwähnen, dass die Welt wärmer wird. Einer der großen Kostenpunkte beim Betrieb von Rechenzentren ist die Kühlung der Maschinen. Wenn die globalen Temperaturen steigen, wird der Energiebedarf für die Kühlung von Rechenzentren deutlich zunehmen. Dadurch entsteht eine Rückkopplungsschleife, in der der Klimawandel den Energieverbrauch und die CO2-Emissionen des Internets erhöht, was wiederum den Klimawandel beschleunigt. Es scheint als ob eine unserer wichtigsten Strategien, um das Internet in einem zunehmend feindlichen Klima reibungslos am Laufen zu halten, darin bestehen wird, mehr Kraftstoff zu verbrennen. Als sich der Hurrikan Florence 2018 der Ostküste der Vereinigten Staaten näherte, beschrieb Robert Fiordaliso, Direktor für kritische Infrastruktur beim Rechenzentrumsbetreiber CenturyLink, die vorhandenen Pläne zur Notstromversorgung:

> *Ich habe 50.000 Gallonen Treibstoff vor Ort, um Generatoren aufzutanken... Zusätzlich haben wir mehrere 10.000-Gallonen-Tankwagen (Motherships), die sich außerhalb der vorhergesagten Sturmzone befinden und diese können Tanks mit 2.500 oder 5.000 Gallonen bedienen, die wiederum von LKWs zu den Standorten gezogen werden können.*
> *(http://bkaprt.com/swd/07-04/)*

Das ist eine Menge fossiler Brennstoffe, die in Backup-Generatoren verbrannt werden können, wenn das Rechenzentrum von den schlimmsten Auswirkungen des Klimawandels betroffen ist.

Kommunikation im Krisenfall

Als Ende 2019 und Anfang 2020 Waldbrände durch Australien fegten und eine Fläche von der doppelten Größe Belgiens zerstörten, mussten viele Menschen in der Gefahr feststellen, dass sie nur begrenzten oder keinen Zugang zu Mobilfunknetzen und Daten hatten. Da Mobilfunkmasten durch das Feuer zerstört oder beschädigt wurden, war der Zugang zu Informationen und Kommunikationskanälen genau dann abgeschnitten, wenn und wo die Menschen ihn am meisten benötigten. Erschwerend kam hinzu, dass intensives Feuer Plasma freisetzt, das bestimmte Funkfrequenzen stört und die Signalstärke selbst dann verschlechtert, wenn die Masten in Betrieb sind (http://bkaprt.com/swd/07-05/). Telco-Betreiber baten die australische Regierung um Aufnahme in eine Prioritätenliste für Treibstoff bei Notfällen, um Notstromaggregate betreiben zu können, mit der Begründung, dass Stromausfall die Hauptursache für Kommunikationsausfälle in Waldbrandgebieten ist (Abb. 7.2).

Abb. 7.2: Die australischen Waldbrände im Jahr 2020 haben die Menschen in einem Ausmaß getroffen, das nur schwer zu begreifen ist. Foto von Joshua Stevens/NASA (http://bkaprt.com/swd/07-06/).

Aber nicht nur die Mobilfunkmasten fielen aus, auch das National Broadband Network (NBN) hatte während der Waldbrände zu kämpfen. Amanda Leck, Direktorin für kommunale Sicherheit beim australischen National Council for Fire and Emergency Services, sagte, man habe schon seit einigen Jahren Bedenken geäußert, ob das NBN einer Naturkatastrophe standhalten könne. In ihren Worten: "Wir wussten alle, dass das NBN fast sofort ausfallen würde, und das tat es auch" (http://bkaprt.com/swd/07-07/).

Die COVID-19-Pandemie im Jahr 2020 stellte eine neue Herausforderung dar, da Millionen von Büroangestellten begannen, von zu Hause aus zu arbeiten. Dies wirkte sich zwar vorübergehend positiv auf die Umwelt und die Luftqualität aus, belastete aber auch das Internet: Laut Cloudflare (http://bkaprt.com/swd/07-08/) stieg der Spitzen-Internetverkehr in Italien um 30 Prozent. Glücklicherweise hielt das Internet insgesamt gut durch, aber viele Menschen waren mit einer verschlechterten Leistung konfrontiert. Es ist ein Blick in eine Zukunft, in der wir vielleicht viel weniger reisen müssen und uns in viel größerem Umfang auf Internetdienste verlassen.

Wenn die Auswirkungen des Klimawandels zunehmen, werden große Tech-Unternehmen über die finanziellen Mittel verfügen, um ihre Infrastruktur und kommerziellen Dienste zu schützen, während kleinere Unternehmen Schwierigkeiten haben werden, widerstandsfähige Systeme zu unterhalten. In einem Artikel für die *New Republic* wies der Greenpeace-IT-Experte Gary Cook darauf hin, dass sich diese wirtschaftliche Ungleichheit auch bei den Internetnutzern bemerkbar machen wird: "Kunden, die das nötige Kleingeld haben, um für zuverlässigere Dienste zu bezahlen, werden sie trotzdem bekommen und die Kluft zwischen denen, die sie haben, und denen, die sie nicht haben, wird noch größer sein" (http://bkaprt.com/swd/07-09/). An einem normalen Tag mag das keinen großen Unterschied machen, aber in Krisensituationen wird es einen tiefgreifenden negativen Einfluss auf kleine Unternehmen und betroffene Bürger haben.

Aber Webdienste können so gestaltet werden, dass sie widerstandsfähiger gegenüber unserem sich ändernden Klima sind. Als sich 2017 der Hurrikan Irma den USA näherte, gab CNN bekannt, dass sie eine Nur-Text-Version ihrer Website gestartet hatten, um sicherzustellen, dass die vom Sturm betroffenen Menschen weiterhin auf wichtige Nachrichten zugreifen konnten, wofür nur eine minimale Datenverbindung erforderlich war (Abb. 7.3). Die Homepage der Nur-Text-Webseite ist 97,5 Prozent kleiner als die CNN-Hauptwebsite, was sie nicht nur CO2-arm, sondern auch viel zugänglicher macht. Sie wurde extrem gut angenommen, da sie sicherstellte, dass viele Menschen auch dann Zugang zu wichtigen Informationen hatten, wenn die kabelgebundenen Breitband- und 3G/4G-Netze ausfielen (http://bkaprt.com/swd/07-10/).

Es ist ein großartiges Beispiel für die Art von Lösungen, die wir in Zukunft entwickeln müssen, indem wir unsere reichhaltigen digitalen

Erfahrungen mit einfachen, schnörkellosen Lösungen für die Dienste, auf die wir angewiesen sind, fokussieren.

Geringe Bandbreite, bessere Erfahrung

Dennoch ist es nicht ideal, eine zweite Version einer Website zu erstellen, um suboptimalen Bedingungen gerecht zu werden. So wie wir von der Erstellung separater mobiler Websites zur Erstellung von responsiven Websites übergegangen sind, die auf allen Geräten funktionieren, sollten wir den gleichen Ansatz verfolgen, wenn es um Websites geht, die auf Verbindungen mit geringer Bandbreite funktionieren. Wenn wir die Effizienz von Anfang an als Kernanforderung in unsere Projekte einbeziehen, können wir reichhaltige Web-Erlebnisse schaffen, die *auch* bei geringer Bandbreite funktionieren. Das Ergebnis ist nicht nur eine höhere Ausfallsicherheit des von uns geschaffenen umfassenden Webservices, sondern auch schnellere Ladezeiten für alle, auch unter perfekten Bedingungen.

CNN | 4/11/2020 | Listen

Main Stories

- Analysis: America can't beat the coronavirus crisis until we fix what really ails us
- More than 2,000 US coronavirus deaths reported in a day, likely a peak toll, expert says
- The 115-year-old Supreme Court opinion that could determine rights during a pandemic
- Colorado meat packing plant with thousands of employees closed after coronavirus outbreak
- A crisis mental-health hotline has seen an 891% spike in calls
- Exclusive: Navy commander says virus-struck aircraft carrier crew 'struggling' after captain's firing
- Trump keeps wanting to reopen the economy. Voters disagree.
- Trump administration shuttered pandemic monitoring program, then scrambled to extend it
- Trump spends Easter weekend pondering the 'biggest decision' of his presidency
- The Depression-era government gave artists jobs, we may need a similar program today
- President Trump is wrong in so many ways about hydroxychloroquine studies. Here are the facts
- 10 leaders who mattered most on coronavirus response this week
- Fact-checking the Trump campaign's deceptive new anti-Biden ad
- A grandmother sang 'Happy Birthday' to herself in a heartwarming video while quarantined due to the coronavirus
- Health care workers are wearing smiling photos of themselves to put coronavirus patients at ease
- These hospice workers find creative ways to bring light during a pandemic
- Must-watch videos of the week
- Sweden challenges Trump -- and scientific mainstream -- by refusing to lock down

Abb. 7.3: CNN Lite macht die neuesten Nachrichten auch auf den langsamsten Verbindungen zugänglich.

Der COVID-19-Leitfaden von Gov.UK bietet der breiten Öffentlichkeit wichtige Informationen darüber, wie man sich während der Pandemie schützen kann (Abb. 7.4) (http://bkaprt.com/swd/07-11/). Er muss für ein möglichst breites Publikum zugänglich sein, unabhängig davon, welches

Gerät oder welche Verbindung die Besucher haben. Die vollständige Seite ist nur 263 KB groß und erreicht bei Google PageSpeed Insights einen Wert von 100 Prozent. Sie ist ein gutes Beispiel für effizientes Design und Entwicklung, das die Öffentlichkeit in einer Krise unterstützt, indem es den Zugang zu Informationen erleichtert.

Abb. 7.4: Effizientes und zugängliches Webdesign zur Unterstützung der Öffentlichkeit im Krisenfall.

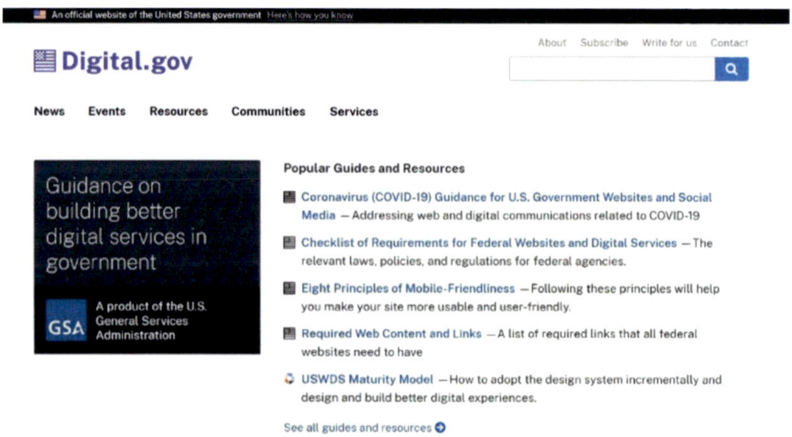

Abb. 7.5: Digital.gov verwendet den Hugo Static Site Generator (http://bkaprt.com/swd/07-12/).

Außerdem müssen wir Single Points of Failure eliminieren. Das Team hinter Digital.gov hat JAMstack für eine neue Version ihrer Website eingesetzt und dabei den statischen Webseiten-Generator Hugo verwendet (Abb.

7.5). Durch die Verwendung von statischen Dateien in einem CDN wurden die Ladezeiten für die Benutzer verbessert und es wurde sichergestellt, dass wichtige Inhalte auch dann zugänglich sind, wenn ein Rechenzentrum offline ist. Durch die Entkopplung des CMS vom Frontend wird auch das Risiko einer Überlastung des Servers, der das CMS hostet, in Krisenzeiten mit hohem Traffic vermieden. Ja, Sie können einige dieser Vorteile auch ohne eine JAMstack-Lösung erhalten, aber dieser Ansatz bietet eine inhärente Ausfallsicherheit, die bei herkömmlichen Webseiten-Konfigurationen nicht gegeben ist.

Eine verbesserte Ausfallsicherheit hat Vorteile, die über die pflichtgemäßen Dienste von Regierungs- und Nachrichten-Websites hinausgehen - sie ist eine wichtige Säule eines guten Kundenservice für alle Arten von Organisationen, die Kunden online bedienen. Betrachten Sie zum Beispiel keinen Geringeren als Starbucks. Bei der Entwicklung eines browserbasierten Bestellsystems wollte Starbucks sicherstellen, dass die Bestellungen der Kunden nicht durch unzuverlässige mobile Verbindungen unterbrochen werden. Die Digitalagentur Formidable nutzte die Progressive-Web-App-Technologie, um einen möglichst großen Teil des Bestellprozesses offline ablaufen zu lassen:

> *Um die Offline-Funktionalität für die PWA zu schaffen, musste ein komplexes Caching eingerichtet werden, um die Informationen für jeden Menüpunkt herunterzuladen, Informationen über frühere Bestellungen der Kunden zu speichern und statische Seiten der Website zu speichern.*
> *(http://bkaprt.com/swd/07-13/)*

Einen Kaffee zu bestellen mag wie ein allzu einfacher Anwendungsfall erscheinen, aber diese Art von Ansatz ist genau das, was wir brauchen, um ein belastbares Web für eine beliebige Anzahl von Diensten zu erstellen.

Jenseits des Browsers

Die vorherigen Beispiele gehen davon aus, dass der Benutzer überhaupt irgendeinen Zugang zum Internet über eine Datenverbindung und einen Webbrowser hat. Aber wie würden wir Informationen für Benutzer bereitstellen, die überhaupt nicht auf Websites zugreifen können?

WeFarm ist ein SMS-basierter Crowdsourcing-Dienst, der Landwirten in Entwicklungsländern - die selten Internetzugang haben und meist in abgelegenen Gebieten leben - hilft, die benötigten Informationen zu finden,

Lieferungen zu beschaffen und Preise zu bestimmen (http://bkaprt.com/swd/07-14/). Landwirte senden Fragen per SMS an WeFarm; mithilfe von maschinellem Lernen interpretiert das WeFarm-System die Fragen und leitet sie an Landwirte mit einschlägiger Erfahrung weiter, die dann Antworten per SMS zurücksenden. Das System ermöglicht es den Landwirten, ohne eine Internetverbindung und nur zu den Kosten einer Standard-SMS, schnell auf Informationen zuzugreifen.

Wir müssen unsere eigenen Annahmen hinterfragen und tief über die wahren Probleme nachdenken, die wir zu lösen versuchen. Ist es unsere Aufgabe eine *Webseite zu entwerfen*, oder den Benutzern Zugang zu Informationen und Diensten zu verschaffen? Wenn wir uns auf die wahren, zu lösenden Probleme konzentrieren, dann werden wir vielleicht passende kreative Lösungen finden.

Optionen im Orbit

Wenn das Klima der Erde eine so große Bedrohung für die Infrastruktur darstellt, könnten wir uns auch fragen, ob wir das Klima selbst irgendwie aus der Gleichung eliminieren könnten. Eine interessante Idee ist die Schaffung eines Hochgeschwindigkeits-Satelliteninternets mit geringer Latenz - eine neue Möglichkeit, nachdem Tech-Firmen wie SpaceX einen neuen Wettlauf ins All begonnen haben. Obwohl der Klimawandel nicht der motivierende Faktor für diese neuen Netzwerke ist, könnten sie eine weitaus robustere Lösung für die Übertragung von Daten rund um den Globus darstellen, ohne von Wind, Überschwemmungen, Waldbränden und steigenden Temperaturen beeinträchtigt zu werden. Außerdem würden sie eine weitaus größere Abdeckung in ländlichen Gebieten der Welt bieten, in denen es einfach zu teuer ist Hochgeschwindigkeitskabel oder mobile Infrastruktur zu bauen.

Sie fragen sich vielleicht, wie umweltfreundlich es ist, Satelliten ins All zu bringen. Das SpaceX-Programm plant, zweiundvierzigtausend Satelliten in die Erdumlaufbahn zu bringen. Das hört sich nach einer Menge Raketentreibstoff an, aber das CO2, das durch den Start dieser Satelliten freigesetzt wird, entspricht in etwa dem von fünf vollbesetzten Passagierflugzeugen auf dem Weg von London nach Sydney (http://bkaprt.com/swd/07-15/).

Das ist ein Bruchteil dessen, was für den Aufbau einer den gesamten Globus abdeckenden physischen Infrastruktur auf dem Boden benötigt würde. Außerdem sind die Satelliten selbst solarbetrieben, was – sobald sie in Betrieb sind – die Energie und die Emissionen minimiert, die für die Datenübertragung rund um die Uhr erforderlich sind. Die Kehrseite der

Medaille ist, dass diese Netzwerke per Definition in der Hand einiger weniger mächtiger Unternehmen liegen werden, und das bringt seine eigenen Herausforderungen mit sich.

Für uns Webdesigner könnte ein Satellitennetzwerk dabei helfen, Webdienste für ein viel größeres Publikum bereitzustellen, das derzeit von unserer digitalen Welt ausgeschlossen ist. Und indem wir die Resilienz einbeziehen, um eine stabile Kommunikation unter schwankenden klimatischen Bedingungen aufrechtzuerhalten, können wir die Vorteile für diese neuen Webnutzer maximieren. So können wir ein Web schaffen, das sich an die Bedürfnisse der Nutzer anpasst, anstatt zu verlangen, dass sie sich an begrenzte Netzwerke und Dienstanbieter anpassen.

Eine robuste Zukunft

Die Sicherstellung eines schnellen, zuverlässigen und offenen Zugangs zum Internet für die Bürger der Welt wird eine wachsende Herausforderung sein, wenn die weitreichenden Auswirkungen des Klimawandels zu wirken beginnen. Die gute Nachricht ist, dass viele der Ansätze, die wir verwenden können, um ein klimafreundlicheres Web zu schaffen, dieselben sind, die uns helfen werden, ein widerstandsfähigeres Web zu schaffen. Wenn wir Ansätze wie statische Webtechnologie, Content-Delivery-Netzwerke, Offline-Funktionalität und Kommunikationstechnologien wie SMS zusammenführen, dann können wir Webdienste schaffen, die *fast allem* standhalten.

Wenn wir es positiv angehen, wird uns diese Herausforderung zu kreativeren Lösungen für ein Web führen, das für alle besser ist.

Fazit

Wir befinden uns an einem kritischen Punkt in der Geschichte, an dem wir uns entscheiden müssen, welche Zukunft wir haben wollen. Wir können so weitermachen wie bisher, was kurzfristig einfach ist, uns aber in eine dystopische Zukunft führt - oder wir können handeln und schnell zu einer saubereren, gerechteren und nachhaltigeren Gesellschaft übergehen.

Das Internet wird ein wichtiger Teil unserer Zukunft sein, aber es allein wird nicht entscheiden, welche Version der Zukunft es sein wird. Das liegt an uns: ein zunehmend aufgeblähtes Web, das durch immer höheren Konsum angetrieben wird, oder ein hyper-effizienter, sozial bewusster digitaler Sektor, der vollständig durch erneuerbare Energie angetrieben wird.

Ein nachhaltiges Web ist möglich. Ein Web, das nicht nur mit einer CO2-freien Zukunft kompatibel ist, sondern auch unseren Übergang in diese Zukunft unterstützt. Ein Web, das für alle zugänglich ist, auch in Krisenzeiten, und das schneller, angenehmer in der Nutzung und potenziell profitabler ist.

Für diejenigen von uns, die im digitalen Bereich arbeiten, ist die Schaffung eines nachhaltigen Internets unsere Aufgabe. Wir können nicht erwarten, dass die Gesellschaft eine Datendiät macht oder darauf wartet, dass die Regierungen regulatorische Lösungen umsetzen. Es liegt in unserer Verantwortung, als diejenigen, die die Hard- und Software des Internets entwickeln und warten, sicherzustellen, dass unsere Arbeit die Zukunft schafft, die wir wollen und brauchen.

Es gibt keinen Nachteil für ein nachhaltiges Web und es zu schaffen ist nicht grundsätzlich schwierig. Tatsächlich ist es einer der greifbarsten und am leichtesten zu erreichenden Schritte in der CO2-freien Revolution, die wir anstreben. Damit ein nachhaltiges Internet Realität wird, müssen wir uns nur der Problematik bewusst sein und den Mut haben, den Status quo in Frage zu stellen und das Thema priorisieren.

Die Zeit läuft uns schnell davon, aber wir können erfolgreich sein, wenn wir jetzt handeln. Um Doc Brown in *"Zurück in die Zukunft"* wiederzugeben: Unsere Zukunft ist das, was wir aus ihr machen - also lasst sie uns gut gestalten.

Danksagungen

Ein Buch über nachhaltiges Design zu schreiben war schon lange ein Wunsch von mir. Ich hatte viele Fehlstarts und die Tatsache, dass ich es schließlich geschrieben habe, ist vielen Menschen zu verdanken. Also, hier kommt die peinliche Oscar-Rede!

Dieses Buch ist in vielerlei Hinsicht nicht mein Werk, sondern eine Verbreitung der wundervollen Arbeit, die mein großartiges Team bei Wholegrain Digital zusammen mit unseren Kunden in den letzten Jahren geleistet hat. Auch wenn mein Name auf dem Cover steht, vereint dieses Buch all unsere gemeinsamen Bemühungen, ein grüneres Web zu erdenken, zu schaffen und zu fördern.

Mein besonderer Dank gilt Rachael Blair, die mich seit langem sanft ermutigt hat, ein Buch zu schreiben, die mir geholfen hat, mich als Autor zu verbessern und ohne die ich vielleicht nie das Vertrauen gefunden hätte, dieses Buch zu realisieren. Ebenso meinem Freund Alex Denning von Ellipsis Marketing, der mir in den letzten Jahren eine große Hilfe dabei war, meine Rolle als Autor zu finden. Und danke an meine Freundin Stephie, die unwissentlich die Saat zu diesem Projekt gelegt und mich angespornt hat, dieses Buch endlich zu schreiben, indem sie mich fragte, was ich *wirklich* tun will.

Nachdem ich diesen Schritt gewagt hatte, waren Katel LeDû und Lisa Maria Marquis gewillt genug, an meine Vision zu glauben und mir die Möglichkeit zu geben, für A Book Apart zu schreiben, um dieses Thema einem breiteren Publikum nahezubringen. Von diesem Zeitpunkt an hat das gesamte Team von ABA unglaublich hart gearbeitet, war eine großartige Unterstützung und hat mich immer zum Lachen gebracht, auch wenn es schwierig wurde.

Und dann sind da noch all die wunderbaren und progressiv denkenden Menschen in der Web- und Business-Community, mit denen ich gerne zusammengearbeitet habe, einschließlich derjenigen in der Sustainable UX- und ClimateAction.Tech-Community, ganz zu schweigen von der erstaunlichen B-Corp-Community, meinen Freunden in der Happy Porch-Agenturgruppe und den Mitautoren und Unterzeichnern des Sustainable Web Manifesto, einer Initiative, die in vielerlei Hinsicht eine Grundlage für dieses Buch geliefert hat. Mein besonderer Dank gilt Tim Frick, Chris Adams, Mike Gifford, Jack Lenox, Marketa Benisek, Nick Mailer, Neil Clark und Hannah Smith, die in unserer Branche dringend benötigte positive Stimmen sind und mich auf meinem eigenen Weg ermutigt haben. Sie alle haben mir so viel beigebracht und mich inspiriert, mich weiterhin für eine bessere Welt und ein besseres Web einzusetzen.

Ich habe viel Zeit mit der Recherche für dieses Buch verbracht, und ich bin all den Menschen sehr dankbar, die sich die Zeit genommen haben, mit mir zu sprechen, mich zu beraten und Informationen und Fallbeispiele zu teilen, um dieses Buch mit Leben zu füllen.

Schließlich wäre dieses Buch nicht mehr als ein Glitzern in meinen Augen, wenn es nicht die Unterstützung meiner wunderbaren Frau Vineeta gäbe, die dieses Buch mit Enthusiasmus, Liebe und einem endlosen Vorrat an köstlichem Essen befeuert hat!

Quellen

Jede nützliche Quelle zu diesem Thema aufzuführen, würde ein weiteres Buch füllen. Stattdessen habe ich versucht, diejenigen hervorzuheben, die am wertvollsten sind oder den größten Einfluss auf mich hatten.

Bücher zum Klimawandel

- *This Changes Everything* von Naomi Klein. Ich habe mich schon lange um die Umwelt gekümmert, aber dieses Buch hat wirklich alles für mich verändert, und vielleicht wird es das auch für Sie.
- *The Uninhabitable Earth* von David Wallace-Wells. Ein wunderschön geschriebener, aber zutiefst düsterer Bericht über die Business-as-usual-Zukunft, die wir gerade schaffen. Nichts für schwache Nerven.
- *The Future We Choose: Surviving the Climate Crisis* von Christiana Figueres und Tom Rivett-Carnac. Geschrieben von zwei führenden Persönlichkeiten des Pariser Abkommens, wird dieses Buch Ihnen Hoffnung geben.
- *No One is Too Small to Make a Difference* von Greta Thunberg. Dieses kleine Buch enthält Gretas Reden und gehört neben das Bett für kleine Dosen der Inspiration.

Bücher über nachhaltiges Design und Unternehmertum

- *Design for the Real World* von Victor Papanek. Dies ist eines der ersten Bücher, dass die Idee von Ethik und Umwelt im Design fördert. Es mag alt sein, aber es ist voller Weisheit und gibt uns einen Einblick zurück in die Welt des Designs vor dem Internet.
- *The Green Imperative: Ecology and Ethics in Design and Architecture* von Victor Papanek. Ein weiterer Klassiker, der sich auf die Beziehung zwischen Design und der natürlichen Umwelt konzentriert.
- *Let My People Go Surfing* von Yvon Chouinard. Der Gründer und Besitzer von Patagonia legt seine unglaubliche Vision dar und teilt seine Erfahrungen beim Versuch, ein verantwortungsvolles Unternehmen zu schaffen.
- *Design for Sustainability* von Tim Frick. Ein weiteres großartiges Buch über die Umweltaspekte des digitalen Designs.

- *World Wide Waste* von Gerry McGovern. Ein emotionaler Tiefgang in die Ozeane der Verschwendung im digitalen Sektor.

Digitale Nachhaltigkeits-Communities

- *Sustainable UX*. Eine Slack-Community voller wunderbarer Menschen, die ein grüneres digitales Design verfolgen. Sie veranstalten auch eine jährliche Online-Konferenz (http://bkaprt.com/swd/08-01/).
- *ClimateAction.Tech*. Eine Slack-Community zum Austausch von Ideen, Informationen und Erfahrungen in allen Aspekten des Umgangs mit dem Klimawandel als digitaler Profi. Sie organisieren auch Meetups auf der ganzen Welt (http://bkaprt.com/swd/08-02/).

E-Mail-Newsletter

- *Couriously Green*. Ein monatlicher Newsletter, der von meinem Team bei Wholegrain Digital produziert wird und Neuigkeiten, Ideen und Inhalte für alle enthält, die neugierig auf Nachhaltigkeit im Web sind. Wenn Sie dieses Buch lesen, sind Sie das wohl (http://bkaprt.com/swd/08-03/)!
- *Greening Digital*. Ein regelmäßiger E-Mail-Newsletter, der von Chris Adams produziert wird und seine Erfahrungen im Bereich der Web-Nachhaltigkeit teilt (http://bkaprt.com/swd/08-04/).
- *HEATED*. Ein Newsletter der Klimajournalistin Emily Atkin mit großartiger investigativer Berichterstattung über Klima und Verantwortlichkeit, mit hervorragenden Erklärungen für knifflige Gesetzesfragen und undurchsichtige Unternehmenspraktiken (http://bkaprt.com/swd/08-05/).

Nachhaltige Web-Design-Tools und -Frameworks

- *The Sustainable Web Manifesto*. Umreißt sechs Kernprinzipien, die Sie bei der Verfolgung von Nachhaltigkeit in Ihrer Arbeit anleiten sollen. Lesen und unterschreiben (http://bkaprt.com/swd/08-06/).
- *Website Carbon*. Ein Rechner, der Ihnen hilft, den CO2-Ausstoß einer Webseite zu verstehen. Sie können Auszeichnung dieses Tests in die Fußzeile Ihrer Website einbetten (http://bkaprt.com/swd/08-07/).

- *Ecograder*. Ein ganzheitliches Tool, das dabei hilft, Aspekte Ihrer Website zu identifizieren, die sich auf deren Nachhaltigkeit auswirken können (http://bkaprt.com/swd/08-08/).
- *PerformanceBudget.io*. Ein praktisches Tool zur Berechnung eines Leistungsbudgets, das auch als Grundlage für ein C02-Budget verwendet werden kann (http://bkaprt.com/swd/08-09/).
- *Die Green Web Foundation*. Eine Datenbank und einer der besten Orte, um einen grünen Hosting-Anbieter zu finden. Auch die Chrome-Browser-Erweiterung ist interessant. (http://bkaprt.com/swd/05-08/).
- *Granola*. Das WordPress-Framework, das von meinem Team bei Wholegrain Digital für optimale Effizienz entwickelt wurde (http://bkaprt.com/swd/08-10/).
- *Bildoptimierung*. Es gibt zahlreiche Tools zur Optimierung von Bildern, darunter ImageOptim (http://bkaprt.com/swd/08-11/), ShortPixel (http://bkaprt.com/swd/08-12/) und TinyPNG (http://bkaprt.com/swd/08-13/). ImageAlpha eignet sich hervorragend für die manuelle Optimierung von PNG-Dateien (http://bkaprt.com/swd/08-14/), und WebP Express ist ein hervorragendes WordPress-Plugin für die automatische Konvertierung von Bildern in das WEBP-Format (http://bkaprt.com/swd/08-15/).
- Das *Consequence Scanning-Toolkit* von Doteveryone. Laden Sie es kostenlos herunter, damit Sie Ihre eigenen Workshops durchführen können, um unbeabsichtigte Folgen Ihrer Projekte zu identifizieren (http://bkaprt.com/swd/08-16/).
- Der *Carbon Footprint-Rechner*. Ein sehr praktisches Tool zur Berechnung der Emissionen aus Ihrem Geschäftsbetrieb und Ihrem Lebensstil (http://bkaprt.com/swd/08-17/).
- Das *B Impact Assessment*. Das Rückgrat der B Corp-Zertifizierung. Sie können das Bewertungswerkzeug kostenlos online nutzen, um zu erfahren, wie Sie Ihr Unternehmen noch verantwortungsvoller betreiben können (http://bkaprt.com/swd/08-18/).

Veröffentlichungen

- "Globale Erwärmung von 1,5°C." Ein Sonderbericht des Intergovernmental Panel on Climate Change zum Zustand des Weltklimas (http://bkaprt.com/swd/08-19/).
- "How to stop data centers from gobbling up the world's electricity" von Nicola Jones. Ein guter Überblick über die Energieauswirkungen und

mögliche Lösungen für den Energieverbrauch von Rechenzentren (http://bkaprt.com/swd/08-20/).

- "On Global Electricity Usage of Communication Technology: Trends to 2030" von Anders Andrae und Tomas Edler. Eine der umfassendsten und glaubwürdigsten Studien über den Energieverbrauch des Webs, inklusive eines herunterladbaren Datensatzes (http://bkaprt.com/swd/08-21/).
- Regelmäßige Artikel zu den Nachhaltigkeitsherausforderungen und -lösungen in geschäftlichen und digitalen Projekten finden Sie auch auf unserem Blog Wholegrain Digital (http://bkaprt.com/swd/08-22/).

Zusammenfassend lässt sich sagen, dass Ihre größte Ressource Ihre eigene Motivation ist, etwas zu unternehmen. Mit den Worten von Greta Thunberg: "Niemand ist zu klein, um etwas zu bewirken."

Referenzen

Die verkürzten URLs sind fortlaufend nummeriert; die zugehörigen langen URLs sind als Referenz unten aufgeführt.

Einführung

00-01 http://bkaprt.com/swd/00-01/

Kapitel 1

01-01 https://www.nature.com/articles/d41586-018-06610-y
01-02 https://ec.europa.eu/jrc/en/publication/fossil-co2-emissions-all-world-countries-2018-report
01-03 https://www.cisco.com/c/en/us/solutions/collateral/executive-perspectives/annual-internet-report/white-paper-c11-741490.html
01-04 https://www.sciencedirect.com/science/article/abs/pii/S095965261733233X
01-05 https://positive-internet.com/
01-06 https://httparchive.org/reports/page-weight
01-07 https://planet4.greenpeace.org/
01-08 https://www.bbc.com/future/article/20200131-why-and-how-does-future-planet-count-carbon
01-09 https://www.wearedonation.com
01-10 https://ecosia.zendesk.com/
01-11 https://chris.bolin.co/offline/
01-12 https://www.ecover.com/timeline/
01-13 https://www.ecover.com/clean-manufacturing/
01-14 https://www.campaignlive.co.uk/article/allmodcomms-cleans-1m-ecover-campaign/508936
01-15 https://www.thedrum.com/news/2019/06/12/the-green-market-gets-crowded-ecover-doubling-down-brand-innovation
01-16 https://www.fastcompany.com/90280950/exclusive-patagonia-is-in-business-to- rettet-unseren-heimatlichen-planeten
01-17 https://www.patagonia.com/materials/
01-18 https://eu.patagonia.com/gb/en/how-we-fund/international-grant/
01-19 https://www.onepercentfortheplanet.org
01-20 https://www.patagonia.com/films/

01-21 https://wornwear.patagonia.com/
01-22 https://eu.patagonia.com/gb/en/stories/dont-buy-this-jacket-black-friday-and-the-new-york-times/story-18615.html
01-23 https://www.motherjones.com/politics/2006/05/origins-anti-litter-campaign

Kapitel 2

02-01 https://en.wikipedia.org/wiki/Four-minutemile
02-02 https://httparchive.org/reports/state-of-the-web#bytesTotal
02-03 https://www.carbonbrief.org/solar-wind-nuclear-amazingly-low-carbon-footprints
02-04 https://www.volker-quaschning.de/datserv/CO2-spez/indexe.php
02-05 https://www.electricitymap.org/map
02-06 https://docs.google.com/spreadsheets/d/1gQeUwNFHp7ck4AS7r-dEwfriM-UFoQ6ApBek9nhqo/edit?usp=sharing
02-07 https://www.websitecarbon.com/
02-08 https://www.apple.com/euro/environment/pdf/a/generic/products/iphone/iPhone11PERsept2019.pdf
02-09 https://dannyvankooten.com/website-carbon-emissions/
02-10 https://www.carbonfootprint.com/

Kapitel 3

03-01 https://hsl.lib.umn.edu/
03-02 https://www.stratd.ai
03-03 https://httparchive.org/reports/page-weight#bytesImg
03-04 https://developers.google.com/speed/webp/docs/webpstudy
03-05 https://jakearchibald.com/2020/avif-has-landed/
03-06 https://aneventapart.com/news/post/the-joy-of-optimizing-images-by-una-kravets-aea-video
03-07 https://lowimpact.organicbasics.com/gbp#manifesto
03-08 https://www.zdnet.com/article/google-heres-why-dark-mode-massively-extends-your-oled-phones-battery-life/
03-09 https://www.bristol.ac.uk/news/2019/may/rethinking-digital-service-design-.html
03-10 https://airbnb.io/lottie/#/

03-11 https://www.nu-heat.co.uk/renewables/heat-pumps/heat-pumps-vs-boilers-which-is-best/
03-12 https://manifesto.co.uk/the-impact-of-the-digital-industry-measuring-impact/
03-13 https://rsms.me/inter/
03-14 https://v-fonts.com/

Kapitel 4

04-01 https://tonsky.me/blog/disenchantment/
04-02 https://wickedleeks.riverford.co.uk/opinion/news-farm-farming/bitcoin-barns-and-butternut-squash
04-03 https://greenlab.di.uminho.pt/wp-content/uploads/2017/10/sleFinal.pdf
04-04 https://benchmarksgame-team.pages.debian.net/benchmarksgame/
04-05 https://www.wholegraindigital.com/blog/guide-to-using-analytics-for-performance-and-privacy/
04-06 https://www.nytimes.com/interactive/2015/10/01/business/cost-of-mobile-ads.html
04-07 https://www.fontsquirrel.com/tools/webfont-generator
04-08 https://fontdrop.info/
04-09 https://everythingfonts.com/subsetter
04-10 https://codekitapp.com/

Kapitel 5

05-01 https://www.mdpi.com/2078-1547/6/1/117#abstract
05-02 https://eta-publications.lbl.gov/sites/default/files/lbnl-1005775v2.pdf
05-03 https://www.meetup.com/GreenTech-South-West/events/271843079/
05-04 https://blog.cloudflare.com/the-climate-and-cloudflare/
05-05 https://www.iea.org/data-and-statistics
05-06 https://biz.loudoun.gov/key-business-sectors/data-centers/
05-07 https://www.greenpeace.org/usa/reports/click-clean-virginia/
05-08 https://www.thegreenwebfoundation.org/
05-09 https://www.lowtechmagazine.com/2020/01/how-sustainable-is-a-solar-powered-website.html

05-10 https://practical.engineering/blog/2019/6/24/how-does-the-power-grid-work
05-11 https://energysavingtrust.org.uk/home-energy-efficiency/switching-utilities/buying-green-electricity
05-12 https://www.ecotricity.co.uk/about-ecotricity/britain-s-greenest-energy-company
05-13 https://www.wired.com/story/amazon-google-microsoft-green-clouds-and-hyperscale-data-centers/
05-14 https://www.blog.google/outreach-initiatives/sustainability/internet-24x7-carbon-free-energy-should-be-too/
05-15 https://electrek.co/2020/07/24/tesla-megapack-project-switch-datacenter/
05-16 https://www.tesla.com/enGB/support/autobidder

Kapitel 6

06-01 https://doteveryone.org.uk/wp-content/uploads/2019/04/PeoplePowerTechDoteveryoneMay2019.pdf
06-02 https://www.wholegraindigital.com/blog/3-qualities-of-a-great-team/
06-03 https://media.nesta.org.uk/documents/Sustainability1.pdf
06-04 https://www.whitehouse.gov/wp-content/uploads/2019/03/ap19it-fy2020.pdf

Kapitel 7

07-01 https://science.sciencemag.org/content/308/5727/1431
07-02 https://coastal.climatecentral.org/
07-03 https://ix.cs.uoregon.edu/~ram/papers/ANRW-2018.pdf
07-04 https://www.theregister.co.uk/2018/09/14/hurricane*florence*-data_centers/
07-05 http://theconversation.com/as-flames-encroach-those-at-risk-may-lose-phone-signal-when-they-need-it-most-126827
07-06 https://earthobservatory.nasa.gov/images/146110/fires-and-smoke-engulf-southeastern-australia
07-07 https://www.abc.net.au/news/rural/2020-01-13/are-australias-telecommunication-up-to-the-new-kind-of-megafire/11860238
07-08 https://blog.cloudflare.com/cloudflare-during-the-coronavirus-emergency/

07-09 https://newrepublic.com/article/155993/can-internet-survive-climate-change

07-10 https://www.poynter.org/tech-tools/2017/text-only-news-sites-are-slowly-making-a-comeback-heres-why/

07-11 https://www.gov.uk/coronavirus

07-12 https://digital.gov/

07-13 https://formidable.com/work/starbucks-progressive-web-app/

07-14 https://wefarm.co

07-15 https://www.wholegraindigital.com/curiously-green/issue-2/

Weitere Links

08-01 https://sustainableux.com/

08-02 https://climateaction.tech/

08-03 https://curiously.green/

08-04 https://greeningdigital.substack.com/

08-05 https://heated.world/

08-06 https://www.sustainablewebmanifesto.com/

08-07 https://www.websitecarbon.com/

08-08 https://ecograder.com/

08-09 https://www.performancebudget.io/

08-10 https://www.wholegraindigital.com/blog/granola-2/

08-11 https://imageoptim.com/mac

08-12 https://shortpixel.com/

08-13 https://tinypng.com/

08-14 https://pngmini.com/

08-15 https://wordpress.org/plugins/webp-express/

08-16 https://www.doteveryone.org.uk/project/consequence-scanning/

08-17 https://www.carbonfootprint.com/calculator.aspx

08-18 https://bimpactassessment.net/

08-19 https://www.ipcc.ch/sr15/

08-20 https://www.nature.com/articles/d41586-018-06610-y%20

08-21 https://www.mdpi.com/2078-1547/6/1/117

08-22 https://www.wholegraindigital.com/blog/

Index

Über den Autor

Tom Greenwood ist Mitbegründer der Londoner Agentur Wholegrain Digital, eine Certified B Corp, und ein Spezialist für Web-Performance und Nachhaltigkeit. Tom erstellte 2004 den ersten Online-Leitfaden für nachhaltiges Produktdesign und gewann den Business Leader of Tomorrow Award der britischen Regierung für seinen vorausschauenden Ansatz in Sachen Business und Nachhaltigkeit. Er ist bekannt dafür, darüber zu schreiben und zu sprechen, wie Unternehmen, Design und Webtechnologie Teil der Lösung von Umweltproblemen sein können, und war Hauptautor des Sustainable Web Manifesto. Außerdem ist er Herausgeber des monatlichen grünen Web-Newsletters Curiously Green.

In seiner Freizeit hat er eine ungesunde Besessenheit von natürlicher Wellness und genießt es, barfuß durch den Wald zu laufen, ins Meer zu springen und Vollwertkost zu schlemmen.

Über A Book Apart

Wir behandeln die aufkommenden und essenziellen Themen in Webdesign und -entwicklung mit Stil, Klarheit und vor allem Kürze - denn arbeitende Designer und Entwickler können es sich nicht leisten, Zeit zu verschwenden.